Güney Mutfağı

İştahınızı Giderecek ve Damak Tadınızı Memnun Edecek Klasik ve Modern Güney Tarifleri

Osman Şimşek

İÇİNDEKİLER

GİRİİŞ

Güney Amerika'nın zengin ve çeşitli mutfak geleneklerini kutlayan bir yemek kitabı olan Southern Comfort'a hoş geldiniz. Burada doyurucu kahvaltılardan doyurucu akşam yemeklerine ve aradaki her şeye kadar Güney mutfağının en iyilerini sergileyen 100'den fazla tarif bulacaksınız. Hem klasik hem de modern tekniklerin bir arada kullanıldığı bu yemek kitabı, Güney lezzetlerini kendi mutfağında yeniden yaratmak isteyen herkes için mükemmel bir rehber.

Çıtır çıtır kızarmış tavuktan lezzetli bamyaya kadar tariflerimiz bölgenin en sevilen yemeklerini ön plana çıkarıyor. Ayrıca kremalı yenibahar peyniri ve keskin Brunswick yahnisi gibi daha az bilinen ve yeni favoriler haline geleceği kesin olan Güney lezzetlerini de sunuyoruz. Ve elbette, şeftalili pasta ve cevizli turta gibi klasikler de dahil olmak üzere tatlılarla ilgili bir bölüm olmadan hiçbir Güney yemek kitabı tamamlanmış sayılmaz.

Ancak Southern Comfort sadece tariflerden oluşan bir koleksiyon değil. Bu aynı zamanda Güney kültürünün, tarihinin ve misafirperverliğinin de bir kutlamasıdır. Her tarife, verandada geçirilen tembel yaz öğleden sonralarından yemek masası etrafındaki aile toplantılarına kadar Güney'in ruhunu yakalayan bir hikaye veya anı eşlik ediyor. Bu hikayelerin sizi Güney'in kalbine taşıyacağını ve mutfakta kendi anılarınızı yaratmanız için size ilham vereceğini umuyoruz.

Yani ister doğup büyümüş bir Güneyli olun, ister sadece iyi yemeklerin hayranı olun, sizi Güney'de yapacağımız bir mutfak yolculuğunda bize katılmaya davet ediyoruz. Rehberiniz Southern Comfort'la, yeni tatlar, yeni teknikler ve Amerika'nın en sevilen mutfaklarından birine yönelik yenilenmiş bir beğeniyi keşfedeceğinizden emin olabilirsiniz.

KAHVALTI

1. Kahvaltı Yumurta likörü

Yapım: 5 Porsiyon

İÇİNDEKİLER:

- 4 yumurta, iyice çırpılmış
- ⅛ çay kaşığı tuz
- 1 litre süt
- ¼ bardak şeker
- 1 çay kaşığı vanilya
- küçük hindistan cevizi

TALİMATLAR:

a) Hindistan cevizi hariç tüm malzemeleri birleştirin.
b) İyice karıştırın.
c) İsterseniz soğutun
d) Hindistan cevizi serpin.

2. Kiş Lorraine

İÇİNDEKİLER:

- 1½ bardak (6 ons) rendelenmiş İsviçre peyniri
- 8 dilim pastırma veya jambon, pişmiş ve ufalanmış
- 3 yumurta
- 1 bardak ağır krema
- ½ bardak süt
- ¼ çay kaşığı biber
- 1 önceden hazırlanmış dondurulmuş pasta kabuğu

TALİMATLAR:

a) Hamur işi kaplı pasta kabuğuna peynir ve domuz pastırması/jambon serpin.

b) Kalan malzemeleri birlikte çırpın ve peynir ve jambonun üzerine dökün.

c) 375 derecede 45 dakika pişirin.

3. karides Tost

Yapım: 4

İÇİNDEKİLER:

- 6 İngiliz çöreği, kızartılmış ve bölünmüş
- 4½ ons konserve karides, süzülmüş
- 2½ yemek kaşığı mayonez
- Tatmak için sarımsak tozu
- 1 çubuk margarin
- 1 kavanoz KRAFT "eski İngiliz" peyniri

TALİMATLAR:

a) Ateşte karıştırın ve muffin yarımlarına yayın.
b) Altın rengi olana kadar kızartın ve 4'e bölün.
c) Bunu önceden yapıp dondurabilirsiniz.

MEZELER VE ATIŞTIRMALIKLAR

4. Braciole(Dana Ruloları)

İÇİNDEKİLER:

- 1½ sığır eti, ince dilimler halinde kesilmiş
- 2 orta boy soğan
- 1 onsluk damlama
- 1 ons un
- ½ pound Pastırma
- Biber
- 1 çay kaşığı su
- 1 yemek kaşığı Worcestershire
- 1 defne yaprağı

TALİMATLAR:

a) Eti biber serpin.
b) Etin üzerine bir şerit pastırma koyun, yuvarlayın ve bağlayın.
c) Ruloları unla tozlayın ve eşit şekilde kızartın.
d) Eti tavadan alıp, dilimlenmiş soğanı ekleyin.
e) Hafifçe kızarana kadar kızartın.
f) Kalan unu ve havuçları ekleyin.
g) Eti iade edin.
h) Defne yaprağı ve Worcestershire ekleyin
i) Suyu üzerine dökün ve kaynatın.
j) Kapağını kapatıp 1,5 saat veya etler yumuşayıncaya kadar pişirin.

5. <u>Brendi Topları</u>

İÇİNDEKİLER:

- 13 ½ onsluk paket graham kraker kırıntısı
- 1 su bardağı 4x şeker
- ¼ bardak kakao
- 8 ons kıyılmış ceviz
- ¼ bardak mısır şurubu veya sıvı esmer şeker
- ⅓ bardak portakal likörü
- ⅓ fincan brendi

TALİMATLAR:

a) Elle karıştırın, ardından küçük toplar oluşturmak için parçaları sıkıştırın.
b) Bir kaba koyun ve gece boyunca soğutun.

6. Cheesecake Barları

İÇİNDEKİLER:

KABUK

- 1¼ bardak graham kırıntısı kraker
- ¼ bardak şeker

DOLGU

- 2 Su Bardağı Krem Peynir
- 4 yemek kaşığı süt'
- 1 su bardağı şeker
- 2 yumurta
- 2 yemek kaşığı limon suyu
- 1 çay kaşığı vanilya

TALİMATLAR:

KABUK

a) Karıştırın ve 13 x 9'luk tavanın tabanına sıkıca bastırın.

b) Birazını üzeri için ayırın.

c) 350 derece F'de 8 dakika pişirin.

DOLGU

d) Malzemeleri karıştırın ve pişmiş kabuğun üzerine yayın.

e) Kalan kırıntıları üstüne serpin.

f) 350 derece F'de 20 dakika pişirin.

g) İyice soğutun ve dondurun.

7. Kıyılmış Dana Dip

İÇİNDEKİLER:

- 1 kısım Ekşi krema
- 1 kısım mayonez
- 1 kavanoz kurutulmuş sığır eti
- Dereotu tohumu
- Kıyılmış soğan

TALİMATLAR:

a) Ekşi krema, Mayonez, kurutulmuş sığır eti, Dereotu tohumu ve Kıyılmış soğanı birleştirin.

b) Bir somun İtalyan ekmeği veya çavdar ekmeğini kesin ve sosla servis yapın.

8. Çikolata Likörü Kareleri

Şunu yapar: 30 kare

İÇİNDEKİLER:

- 1 su bardağı beyazlatılmış badem
- 2 yumurta
- ¼ bardak şeker
- ⅓ bardak şekersiz kakao
- ½ su bardağı un
- Bir tutam tuz
- 3 yemek kaşığı rom veya amaretto
- 2-3 yemek kaşığı pudra şekeri

TALİMATLAR:

a) Fındıkları toz haline getirin. Yumurtaları hafifleşene kadar çırpın.

b) Şekeri ekleyin ve koyulaşana kadar çırpın.

c) Öğütülmüş bademleri ve likörü ekleyip iyice karıştırın.

d) Fırını 350 dereceye kadar önceden ısıtın.

e) 7'ye 11'lik bir fırın tepsisini yaklaşık 1 yemek kaşığı tereyağıyla yağlayın ve kurabiye karışımını yayın.

f) 20-25 dakika pişirin. Yaklaşık 10 dakika soğumaya bırakın ve üzerine pudra şekeri serpin.

g) Yaklaşık 30 kareye kesin.

9. Mısır Çubukları

İÇİNDEKİLER:

- 1¼ su bardağı un
- ¾ su bardağı sarı mısır sütü
- ¼ bardak şeker
- 3 çay kaşığı kabartma tozu
- 1 çay kaşığı tuz
- 1 bardak süt
- 1 yumurta
- 3 yemek kaşığı tereyağı

TALİMATLAR:

a) Fırını 425 dereceye kadar önceden ısıtın. Mısır tutacağı tavayı yağlayın.

b) Kuru malzemeleri birlikte eleyin. Süt, yumurta ve eritilmiş tereyağını ekleyip pürüzsüz hale gelinceye kadar çırpın.

c) Tavayı 2 dakika ısıtın. Tavaları doldurun.

10. köfte

İÇİNDEKİLER:

- 2 bardak un
- 2½ çay kaşığı kabartma tozu
- ¾ çay kaşığı tuz
- 1⅓ bardak süt

TALİMATLAR:

a) Unu, kabartma tozunu ve tuzu bir kaseye eleyin.

b) Sütü dökün ve kuru malzemeler nemlendirilinceye kadar çatalla karıştırın.

c) Kaynayan suya veya tavuk suyuna çorba kaşığı köfteleri dökerek atın.

d) Su ısıtıcısının kapağını kapatın ve 12 dakika pişirin. Not: Bakmak yok.

11. Fındık Topları

Yapar: yaklaşık 30

İÇİNDEKİLER:

- 1 su bardağı un (elenmiş)
- ½ bardak tereyağı
- 1 su bardağı ince kıyılmış – fındık
- 2 yemek kaşığı toz şeker
- ⅛ çay kaşığı tuz
- 1 çay kaşığı vanilya
- Şekerleme şekeri

TALİMATLAR:

a) Büyük bir kapta şekerleme şekeri dışındaki tüm malzemeleri birleştirin. Kalınlaşana kadar iyice karıştırın.

b) Hamuru 30 dakika buzdolabında bekletin.

c) Bu arada fırını 375°F'ye ısıtın.

d) Hamuru 1¼ inçlik toplara kesin.

e) Yağlanmamış bir çerez kağıdına 1 inç aralıklarla yerleştirin.

f) 15 ila 20 dakika veya katılaşana kadar pişirin ancak fazla pişirmeyin.

g) Hala sıcakken şekerlemelerin şekerini yuvarlayın. Tamamen soğutun.

h) Servis yapmadan hemen önce tekrar şekere bulayın.

12. Doğu Etli Mezeler

İÇİNDEKİLER:

- 1 yemek kaşığı mısır nişastası
- ½ bardak soya sosu
- ¼ bardak Karo açık veya koyu mısır şurubu
- 3 yemek kaşığı mısır yağı
- 2 yemek kaşığı susam
- 2 diş sarımsak, kıyılmış
- 1 yemek kaşığı kıyılmış zencefil kökü veya öğütülmüş zencefil
- 2 pound sığır eti, 1 inç küpler halinde kesilmiş
- ½ su bardağı doğranmış soğan

TALİMATLAR:

a) 13x9'luk bir pişirme kabında ilk 7 malzemeyi pürüzsüz hale gelinceye kadar karıştırın.

b) Sığır eti ve soğan ekleyin. İyice kaplamak için atın. Gece boyunca en az 4 saat boyunca örtün ve buzdolabında saklayın.

c) Sığır eti boşaltın; rezerve turşusu.

d) Sığır küplerini piliç rafına yerleştirin.

e) Ateşte 6 inç kızartın, ara sıra çevirin ve etin her tarafı kızarana kadar 6 ila 8 dakika boyunca ayrılmış turşuyla fırçalayın.

f) Eti sık sık çevirerek yaklaşık 15 dakika pişirin.

g) Eti 5 dakika daha piliç altına koyun.

13. Panoça

İÇİNDEKİLER:

- 3 su bardağı esmer şeker
- 1 bardak süt
- 2 yemek kaşığı tereyağı
- 1 çay kaşığı vanilya
- 1 su bardağı fındık ezmesi

TALİMATLAR:

a) Şekeri ve sütü bir tencereye koyun ve 238 derece F'de softball aşamasına kadar pişirin.

b) Ateşten alıp tereyağını ve vanilyayı ekleyip soğutun.

c) Ilık olunca krema kıvamına gelinceye kadar çırpın.

d) Kırılmış fındık etini karıştırın. Ceviz fındık, ceviz veya cevizli fındık özellikle güzeldir.

e) Tereyağlanmış bir tavaya dökün ve sertleştiğinde kareler halinde kesin.

14. Armut Kareler

İÇİNDEKİLER:

- 1 paket margarin veya tereyağı
- ¾ su bardağı esmer şeker
- 2 yumurta
- ¾ su bardağı un
- ¾ su bardağı yulaf gevreği
- 1 çay kaşığı kabartma tozu
- 1 çay kaşığı tarçın
- ½ çay kaşığı karbonat
- ½ yemek kaşığı hindistan cevizi
- ¾ fındık
- ¾ kuru üzüm
- 1½ doğranmış armut

TALİMATLAR:

a)   350 derece F'de 20-25 dakika pişirin.
b)   Tahta bir sopayla test merkezi.

15. patlamış mısır topları

İÇİNDEKİLER:

- 7 litre patlamış mısır
- 1 bardak pekmez
- 1 su bardağı toz şeker
- ⅓ bardak su
- ½ çay kaşığı tuz
- ½ çay kaşığı vanilya

TALİMATLAR:

a) Patlamış mısırı büyük bir fırın tepsisine yerleştirin; 200° fırında sıcak tutun.

b) Ağır bir tencerede şekeri, pekmezi, suyu ve tuzu birleştirin.

c) Şeker termometresi 235° (yumuşak top aşaması) okuyana kadar orta ateşte pişirin.

d) Isıdan çıkarın. Vanilyayı ekleyin.

e) Hemen patlamış mısırın üzerine dökün ve eşit şekilde kaplanana kadar karıştırın.

f) Karışım işlenecek kadar soğuduğunda, hızlı bir şekilde 3 inç şeklinde şekillendirin. Topların yapışmasını önlemek için ellerinizi soğuk suya batırın.

16. Cevizli Bourbon Topları

İÇİNDEKİLER:

- 2½ su bardağı ince ezilmiş vanilyalı gofret
- 1 su bardağı pudra şekeri
- 2 yemek kaşığı kakao
- 1 su bardağı kıyılmış ince ceviz veya ceviz ve hindistan cevizi
- ¼ bardak burbon veya rom
- 3 yemek kaşığı mısır şurubu

TALİMATLAR:

a) Gofret, şeker, kakao ve fındıkları iyice karıştırın.
b) Şurup ve likörü ekleyin.
c) Küçük toplar halinde yuvarlayın. Şekeri yuvarlayın.
d) Kapalı bir kapta saklayın.

17. Kabak Köftesi

İÇİNDEKİLER:

- ⅓ bardak Bisquick
- 2 yumurta
- ¼ bardak parmesan peyniri
- 2 su bardağı rendelenmiş kabak
- 2 yemek kaşığı margarin

TALİMATLAR:

a) Her köfte için 2 yemek kaşığı margarini karıştırıp kızartın.
b) 3 dakika kızartın.

ANA DİL

18. Fasulye

İÇİNDEKİLER:

- 1 büyük kutu domuz eti ve fasulye
- 1 kutu barbunya fasulyesi, süzülmüş
- 1 kutu beyaz tereyağlı fasulye, süzülmüş
- 1 küçük soğan, doğranmış
- ¼ bardak pekmez
- ¾ fincan ketçap
- 1 çay kaşığı hardal
- ½ su bardağı esmer şeker

TALİMATLAR:

a) Kahverengi 1 kiloluk Hamburger ve 1 kiloluk sıcak sosis.
b) Diğer tüm malzemeleri ekleyip iyice karıştırın.
c) 375 derece F'de yarım saat ila 45 dakika pişirin.

19. Patlıcan ve Pirinç Provencale

İÇİNDEKİLER:

- 1 büyük patlıcan, yaklaşık 2 kilo
- 4 yemek kaşığı zeytinyağı
- 3 su bardağı doğranmış soğan
- 1 yeşil biber, çekirdekleri çıkarılmış ve çekirdekleri çıkarılmış, 1 inçlik küpler halinde kesilmiş
- 2 diş kıyılmış sarımsak
- 1 çay kaşığı taze doğranmış kekik veya ½ çay kaşığı kurutulmuş kekik
- 1 defne yaprağı
- 3 adet soyulmuş, çekirdeği çıkarılmış ve doğranmış domates
- 1 su bardağı çiğ pirinç
- 3¾ su bardağı tavuk suyu
- Tuz ve karabiber
- ½ su bardağı rendelenmiş parmesan peyniri
- 2 yemek kaşığı tereyağı

TALİMATLAR:

a) Fırını 400 dereceye kadar önceden ısıtın. Patlıcanların uçlarını kesin ve 1 inçlik küpler halinde kesin.

b) Yağı büyük bir tavada ısıtın ve patlıcan küplerini ekleyin. Yüksek ateşte, ara sıra tavayı sallayarak pişirin.

c) Soğanı, yeşil biberi, sarımsağı, kekiği ve defne yaprağını ekleyip karıştırarak karıştırın.

d) Domatesleri karıştırın ve ateşi kısın,

e) 5 dakika veya tavadaki sıvının çoğu buharlaşana kadar pişirin.

f) Not: Malzemelerin iyice koyulaşana kadar haşlanması gerekir.

g) Pirinç ve tavuk suyunu ekleyip karıştırın.

h) Tuz ve karabiberle tatlandırın.

i) Karışımı fırın tepsisine kaşıkla dökün ve üzerine peynir serpin,

j) Üzerine tereyağı sürün ve kapağı açık olarak 30 dakika pişirin.

20. patlıcan Parmesan

İÇİNDEKİLER:

- 28 ons Marinara Sosu
- 2 büyük patlıcan, ¼ inç kalınlığında yuvarlaklar halinde kesilmiş
- 1¼ bardak rendelenmiş Parmesan peyniri, bölünmüş
- 2 büyük top taze mozarella, ince dilimlenmiş

TALİMATLAR:

a) Önce patlıcanları kızartın.

b) Bir pişirme kabına ½ bardak marinarayı yayın, patlıcanın yarısını katlayın ve üzerine 1 bardak marinara ve mozarellanın yarısını ekleyin.

c) Kalan patlıcan, kalan marinara ve kalan mozzarella ile aynı işlemi tekrarlayın. Kalan ¼ bardak Parmesan peynirini serpin.

d) 350 derece F'de yarım saat pişirin.

21. Gögüs biftek

İÇİNDEKİLER:

- 1 yan biftek, 1 ½ ila 2 pound
- ½ bardak soya sosu
- ½ su bardağı sıvı yağ
- ¼ fincan kuru şeri
- 2 orta boy sarımsak, ezilmiş veya kıyılmış
- 2 yemek kaşığı rendelenmiş taze zencefil veya 2 çay kaşığı öğütülmüş zencefil
- 1 Yemek kaşığı rendelenmiş portakal kabuğu

TALİMATLAR:

a) Biftekleri soya sosu, yağ, kuru şeri, diş sarımsak, zencefil ve rendelenmiş portakal kabuğuyla marine edin.
b) 3-4 dakika boyunca ısıdan 1½ veya 2 inç kızartın.
c) Çevirin, fırçayla marine edin ve 3-4 dakika daha kızartın.
d) Çapraz dilimler halinde kesin.

22. İtalyan Dana Eti ve Biber

İÇİNDEKİLER:

- 1 pound Pilav dana eti
- 3 adet büyük yeşil biber (dilimlenmiş veya doğranmış) (daha fazla kullanabilirsiniz)
- 2 büyük soğan, dilimlenmiş veya doğranmış
- 1 #2 konserve domates
- Tuz ve biber
- Maydanoz
- 1 defne yaprağı

TALİMATLAR:

a) Dana etini küçük parçalar halinde kesin.

b) Yağı bir tavada ısıtın (altını kaplayacak ve etlerin yapışmasını önleyecek kadar).

c) Eti ekleyip iyice kavurun.

d) Soğanları ekleyin ve yumuşayana kadar birkaç dakika pişirin.

e) Domatesleri dökün. Baharatları ekleyip en az 1 saat yavaş yavaş pişirin.

f) Not: Biberler ayrı ayrı kızartılıp son 10-20 dakika domatesli karışıma eklenebilir.

23. Peynir Soslu Linguine

İÇİNDEKİLER:

- ½ bardak sade az yağlı yoğurt
- 1 çiğ yumurta
- ⅓ bardak %99 yağsız süzme peynir
- Tuz veya tereyağı aromalı tuz
- Biber
- ½ çay kaşığı kekik veya pizza baharatları
- 3 ons İsviçre peyniri, iri kıyılmış
- ⅓ bardak taze doğranmış maydanoz

TALİMATLAR:

a) Sıcak linguine üzerine yoğurdu hızla karıştırın, ardından yumurtayı koyulaştırın.
b) Daha sonra kalan malzemeleri ekleyip karıştırın.
c) Peynir eriyene kadar tencereyi çok kısık ateşte tutun.

24. Manikotti

Yapar: yaklaşık 20 toplama

İÇİNDEKİLER:
MANİKOTTİ İÇİN:
- 6 yumurta
- 2 bardak un
- 1½ su bardağı su
- Tatmak için biber ve tuz

RICOTTA PEYNİRİ DOLGU:
- 2 kilo peynir (peynir de olabilir)
- 2 yumurta
- Tuz ve biber
- Maydanoz gevreği
- Rendelenmiş parmesan peyniri

TALİMATLAR:
a) Tadına göre yumurta, un, su, tuz ve karabiberi birlikte çırpın.
b) Izgarada veya tavada çok hızlı, ince krep gibi yapın (Kızartmak için zeytinyağı kullanıyorum).
c) Ricotta peyniri karışımıyla doldurun. Topla. Sosla kaplayın.
d) 350 derece F'de yarım saat pişirin.
e) Servis yapmadan önce 10 dakika bekletin.

RICOTTA PEYNİRİ DOLGU:
f) Pürüzsüz hale gelinceye kadar kaşıkla karıştırın ve iyice karıştırın (ben bunun yarısını kullanıyorum).

25. Soğan Güveç

İÇİNDEKİLER:

- 4 su bardağı soğan
- 4 yemek kaşığı Tereyağı
- 2 yumurta
- 1 ½ su bardağı süt
- ½ çay kaşığı Tuz
- ½ çay kaşığı Worcestershire
- Tabasco sarsıntısı
- Rendelenmiş peynir

TALİMATLAR:

a) Soğanları birkaç dakika pişirin ancak kızartmayın.

b) Çırpılmış yumurtalara süt ekleyin ve baharatları ekleyin.

c) Üzerine peynir serpin ve gümüş bıçak temiz çıkana kadar 325 derece F'de pişirin.

26. Doğu Domuz Eti

İÇİNDEKİLER:

- 3 yemek kaşığı Soya sosu
- 1 çay kaşığı zencefil ve şekerin her biri
- Yarım kilo domuz eti, küçük parçalar halinde kesilmiş
- 2 büyük soğan ince doğranmış
- 3 yemek kaşığı yağ
- 4 su bardağı lahana

TALİMATLAR:

a) Soya sosunu, zencefili ve şekeri birlikte karıştırın; bir kenara koyun.

b) Domuz eti ve soğanları, domuz eti artık pembeleşmeyene ve soğanlar yumuşayana kadar yaklaşık 10 dakika kadar yağda soteleyin.

c) Lahana ve soya sosu karışımını karıştırın.

d) Yaklaşık 10 ila 12 dakika pişirin. Pirinç üzerinde servis yapın.

27. Picadillo Küba Usulü Hamburger

İÇİNDEKİLER:

- 1 yeşil soğan, doğranmış
- 1 yemek kaşığı yağ
- 1 kiloluk hamburger
- 1 kutu (8 ons) domates sosu
- ¼ bardak dilimlenmiş dolma yeşil biber
- 2 yemek kaşığı kapari
- Sıcak pirinç

TALİMATLAR:

a) Bir tavada yeşil biberleri zeytinyağında yumuşayana kadar soteleyin.

b) Et karışımını ekleyin, dağılana kadar karıştırın.

c) Domates sosunu karıştırın. Kapağını kapatıp 20 dakika pişirin.

d) Zeytin ve kapari ekleyin; 5 dakika kaynatın.

e) Pirinç üzerinde servis yapın.

f) Pişirmeden önce ete baharatlar eklenir, soğan, doğranmış, diş sarımsak, tuz ve karabiber.

28. soslu biftek

İÇİNDEKİLER:

- Biftek
- 2 diş sarımsak
- 1 yemek kaşığı zeytinyağı
- 1½ çay kaşığı Soya sosu
- ½ çay kaşığı hardal
- Tuz
- Biber

TALİMATLAR:

a) Malzemeleri karıştırın ve bifteğe dövün.
b) Bifteklerin yaklaşık 2 saat sosta kalmasına izin verin.
c) Ocağın üstünde kaynatın veya pişirin.
d) Geyiklerde kullanılabilir.

29. Şeri Karides

İÇİNDEKİLER:

- ½ çubuk tereyağı
- 5 diş sarımsak, ezilmiş
- 1-1½ pound karides; kabuklu ve gelişmiş
- ¼ bardak taze limon suyu
- ¼ çay kaşığı biber
- 1 bardak pişirme şeri
- 2 yemek kaşığı kıyılmış maydanoz
- 2 yemek kaşığı doğranmış kişniş
- Tatmak için tuz

TALİMATLAR:

a) Orta ateşte bir tavada tereyağını eritin. Sarımsak, karides, limon suyu ve karabiber ekleyin.

b) Karides pembeleşene kadar (yaklaşık dakika) karıştırarak pişirin.

c) Pişirme şeri, maydanoz ve frenk soğanı ekleyin. Sadece kaynatın.

d) Hemen pişmiş pirincin üzerine servis yapın.

e) Limonla süsleyin.

30. Patlıcan Persillade ile Fırlatılmış Spagetti Kabak

Yapım: 6 Porsiyon

İÇİNDEKİLER:
KABAK İÇİN:
- Spagetti Kabak
- yağ
- 2 veya 3 diş sarımsak
- tatmak için biber ve tuz
- parmesan peyniri

PATLICAN PERSİLADI:
- Patlıcan, dilimlenmiş
- ½ yemek kaşığı tuz
- ⅛ inç zeytinyağı
- sarımsak

TALİMATLAR:
KABAK İÇİN:
a) Spagetti Squash'ı her zamanki gibi buharda pişirin ve parçalayın.
b) Büyük bir tavada birkaç yemek kaşığı yağı ısıtın ve 2 veya 3 diş sarımsağı ekleyip bir veya iki dakika hafifçe pişirin.
c) Daha sonra spagetti kabağını atın ve sarımsakla birlikte katlayın, damak tadınıza göre tuz ve karabiber ekleyin, daha fazla yağ (veya tereyağı) ekleyin ve tercih ettiğiniz derecede pişirin.
d) Daha sonra bir kaşık dolusu Parmesan peynirini atın, sıcak bir tabağa alın ve patlıcanla süsleyin, ancak bunları birbirine atmayın.

PATLICAN PERSİLADI:

a) Yeşil kapağını kesin ve bir sebze soyucuyla kabuğunu çıkarın. ½ inçlik dilimler halinde kesin, dilimleri ½ inçlik şeritler halinde kesin ve şeritleri ½ inçlik zarlar halinde kesin. ½ yemek kaşığı tuz ile bir kevgir içine atın ve en az 20 dakika süzülmesini bekleyin. Daha sonra bir havluyla kurulayın.

b) Büyük bir kızartma tavasını (tercihen yapışmaz bir tavayı) ⅛ inç zeytinle doldurun ve patlıcanı orta derecede yüksek ateşte 4 ila 5 dakika sık sık karıştırarak, bir parçanın tadına bakarak yumuşayıncaya kadar soteleyin.

c) Sarımsakları ekleyin ve bir dakika kadar karıştırarak pişirin, ardından son anda maydanozla birlikte atın.

d) Bu tek başına iyidir, ister sıcak, ister soğuk.

e) İsteyenlere daha fazla peynir verin.

31. İspanyol bifteği

İÇİNDEKİLER:

- ½ su bardağı doğranmış soğan
- 2 kilo doğranmış sığır eti
- 1 yeşil biber
- 1 soğan
- 4 dilim doğranmış ve çıtır pişmiş pastırma
- 1 yumurta
- 1 yemek kaşığı tuz, kırmızı biber, karabiber ve bir tutam tabasco
- 1 kutu domates dilimleri, süzülmüş
- 12 adet doldurulmuş zeytin, dilimlenmiş
- ½ su bardağı rendelenmiş peynir

TALİMATLAR:

a) Eti, soğanı, pastırmayı, yumurtayı ve baharatları iyice karıştırın.
b) Yağlanmış folyo serilmiş tepsiye şekil verin.
c) Malzemelerin geri kalanıyla doldurun.
d) 400 derecede 35 ila 40 dakika pişirin

32. Kabak Güveç

İÇİNDEKİLER:

- ½ bardak tereyağı
- 1 bardak kuru pansuman
- Kabak
- ¼ bardak soğan ve rendelenmiş havuç
- 1 su bardağı ekşi krema
- 1 konserve kabak
- Tavuk stoğu.
- ½ bardak süt

TALİMATLAR:

a) ½ su bardağı tereyağını eritin.
b) 1 bardak kuru sos ekleyin ve karıştırın
c) Daha sonra kabakları yarım santim kalınlığında dilimleyin ve ekleyin.
d) ¼ bardak soğanı ve rendelenmiş havucu karıştırın. Yaklaşık 5 dakika birlikte kaynatın.
e) 1 su bardağı ekşi krema, 1 konserve kabak ve tavuk suyunu ekleyin.
f) ½ bardak süt ekleyin
g) 9x9'luk kabak pişirme kabının tabanına, ½ pansuman karışımını ve ardından Kabak ve soğanı yayın.
h) Krema karışımını dökün.
i) Kalan pansuman karışımını üstüne dökün.
j) 350°F'de 30 dakika pişirin.

33. Meşe palamudu kabak dolması

İÇİNDEKİLER:

- 1 meşe palamudu kabak
- 1 çay kaşığı doğranmış soğan
- 1 çay kaşığı ince doğranmış yeşil biber
- 2 yemek kaşığı tereyağı
- ½ su bardağı rendelenmiş peynir
- 1 su bardağı yumuşak ekmek kırıntısı
- tuz ve biber

TALİMATLAR:

a) Kabağı sıcak bir fırında (400 derece F) yumuşayana kadar yaklaşık 35 dakika pişirin.

b) Uzunlamasına ikiye bölün, tohumları atın ve ortasını çıkarın, kabukları yaklaşık ¼ inç kalınlığında bırakın.

c) Hamuru ezin ve kalan malzemeleri ekleyin.

d) Kabak kabuklarını istifleyin ve orta dereceli bir fırına (350 derece F) üstleri kahverengi olana kadar yerleştirin.

34. Kabak dolması

İÇİNDEKİLER:

- Kabak, yaklaşık 1 pound
- 2 yemek kaşığı yağ
- 1 diş sarımsak, kıyılmış
- 1 orta boy soğan, kıyılmış
- 1 iri doğranmış, pişmiş, süzülmüş fasulye
- 1½ su bardağı pişmiş pirinç
- ¼ bardak kıyılmış maydanoz
- 2 yumurta
- ⅓ bardak süt
- Tatmak için biber ve tuz
- 2 yemek kaşığı susam
- 2 yemek kaşığı rendelenmiş peynir
- Sıcak et suyu

TALİMATLAR:

a) Kabağı uzunlamasına ikiye bölün; posa rezervi kabuğunu çıkarın.

b) Yağı ısıtın ve doğranmış posayı, sarımsağı ve soğanı ekleyin. İhale edilene kadar pişirin.

c) Ateşten alın; fasulyeleri, pirinci ve otları karıştırıyoruz.

d) Yumurtaları çırpın; sıvı emilene kadar kabak karışımına katlayın.

e) Tuz ve karabiber ekleyin.

f) Kabak kabuklarını karışımla doldurun.

g) Susam tohumlarını ve peyniri birleştirin; üstüne serpin.

h) ½ sıcak et suyunu pişirme kabına dökün.

i) Kabuklar yumuşayana kadar yaklaşık 30 dakika, 350 derece F'de üstü açık pişirin.

35. Tatlı Patates Güveç

İÇİNDEKİLER:

- 1 su bardağı şeker
- 1⅓ bardak süt
- 1 su bardağı eritilmiş margarin
- 4 yumurta çırpılmış
- ½ çay kaşığı tuz, tarçın, hindistan cevizi
- 3 ila 4 büyük tatlı patates, soyulmuş ve dilimlenmiş
- ¼ fincan brendi
- Kuru üzüm
- Doğranmış cevizler
- Marşmelov

TALİMATLAR:

a)   Küçük bir kapta kuru üzümleri brendi içinde 20 dakika bekletin.

b)   Sığ bir fırın tepsisini tereyağıyla yağlayın ve tatlı patates dilimlerini katlayın.

c)   Bir tencerede şeker, tuz, tarçın, hindistan cevizi, süt ve margarini birleştirin ve kaynatın.

d)   Yumurtaları, kuru üzümleri ve brendiyi ekleyin ve karışımı tatlı patateslerin üzerine dökün.

e)   Yağlanmış bir güveçte 300 derece F'de 30 dakika bekletin.

f)   Üstüne marshmallow ve doğranmış cevizleri ekleyin ve birkaç dakika kızartın.

İÇİNDEKİLER:

- 1 orta boy soğan, dilimlenmiş
- 3 yemek kaşığı doğranmış yeşil biber
- 2-2,5 pound sığır eti, üst yuvarlak veya alt biftek, ½ inç küpler halinde kesilmiş
- 3 yemek kaşığı yağ/yemeklik yağ
- 1 kutu domates sosu
- 1 bardak su
- 1½ çay kaşığı tuz
- 1 yemek kaşığı Worcestershire sosu
- ¼ çay kaşığı biber
- ½ su bardağı un
- 1 defne yaprağı

TALİMATLAR:

a) Biftekleri unla kaplayın ve fazlalığı silkeleyin.

b) Yağı orta-yüksek ateşte ısıtın; daha sonra bifteğin her iki tarafını da altın rengi kahverengi olana kadar kızartın (her tarafı 6-7 dakika). Sığır eti tavadan çıkarın ve bir tabağa koyun.

c) Tavaya soğanı ve biberi ekleyip 2-3 dakika soteleyin. Tuz, karabiber ve defne yaprağını da ekleyip, yanmasını önlemek için ara sıra karıştırarak 3-5 dakika daha pişirmeye devam edin.

d) Daha sonra domates püresini, Worcestershire sosunu, sığır etini ve 1-2 bardak suyu ekleyin.

e) Kapağını kapatın ve yaklaşık 1½ saat veya yumuşayana kadar pişirin.

37. Dana Piccata

İÇİNDEKİLER:

- 1½ pound Dövülmüş ve dilimler halinde kesilmiş dana eti
- 1 çay kaşığı tuz
- ⅓ su bardağı et suyu
- 6 ince limon dilimi
- 1 çay kaşığı kurutulmuş tarhun
- 2 yemek kaşığı kıyılmış maydanoz
- ½ bardak çok amaçlı un
- 2 yemek kaşığı zeytinyağı artı gerektiğinde daha fazlası

TALİMATLAR:

a) Dana eti tuz serpin ve una bulayın, fazlalığı silkeleyin.
b) Orta-yüksek ateşteki bir tavada yağı ısıtın.
c) Gruplar halinde çalışarak dana pirzolalarını tavaya ekleyin ve altın rengi kahverengi olana kadar yaklaşık 3 dakika pişirin.
d) Et suyu, limon dilimleri ve tarhun ekleyin.
e) Kapağını kapatıp 2 veya 3 dakika pişirin.
f) Servis yapmak için sosu sıcak dana etinin üzerine dökün ve üzerine maydanoz serpin.

38. Geyik eti güveç

İÇİNDEKİLER:

- 2 kiloluk fileto geyik eti
- 2 yemek kaşığı zeytinyağı
- 2 yemek kaşığı şeri şarabı
- 2 yemek kaşığı tereyağı
- 1½ porsiyon stoku
- 2 çay kaşığı tuz
- 1 yemek kaşığı soğan suyu
- 1 çay kaşığı karabiber
- Dash kırmızı biberi
- 1 tutam kıyılmış maydanoz

TALİMATLAR:

a) Tereyağında kahverengileştirin ve suyu ekleyin. Yaklaşık 2 yemek kaşığı unu bir miktar et suyunda karıştırın ve ekleyin; soğan ve baharatlar.

b) Bir araya getirin ve yaklaşık bir saat pişmeye bırakın.

c) Servis yapmadan hemen önce tadına göre tereyağı ve şeri ekleyin.

d) Mantar eklenebilir.

39. Geyik eti sarsıntılı

İÇİNDEKİLER:

- 3 lbs. Geyik eti şeritleri, ¼ inç veya daha ince dilimler halinde kesilmiş
- 1 yemek kaşığı tuz
- 1 çay kaşığı soğan tozu
- 1 çay kaşığı sarımsak tozu
- 1 çay kaşığı karabiber
- ⅓ fincan Worcestershire sosu
- ¼ bardak soya sosu veya teriyaki sosu (biraz daha fazla sosun zararı olmaz)

TALİMATLAR:

a) Geyik eti şeritlerini kapalı bir cam kasede, buzdolabında 1 veya 2 gün ara sıra çevirerek marine edin.

b) Şeritleri odun sobası gibi orta ateşte yaklaşık 24 saat-48 saat veya düşük sıcaklıktaki fırında kurutun.

40. Geyik Sosis

İÇİNDEKİLER:

- 8 kiloluk geyik eti
- 8 kilo domuz eti
- 4 çay kaşığı rezene tohumu
- 1 çay kaşığı tuz
- 2 çay kaşığı karabiber
- 1 çay kaşığı soğan tozu
- 1 çay kaşığı sarımsak tozu
- 1 çay kaşığı kırmızı biber (sadece sıcak sosis için)

TALİMATLAR:

a) Domuz eti, geyik eti, rezene tohumu, tuz, karabiber, soğan tozu, sarımsak tozu ve kırmızı biberi geniş bir kapta birleştirin ve iyice karıştırın. Köfteler, kütükler haline getirin veya sosis kılıflarını doldurun.

b) Büyük bir tavada yağı orta-yüksek ateşte ısıtın.

c) Sosisleri kızarana ve pişene kadar dondurun veya pişirin.

d) Tarif ikiye kesilebilir.

41. Kış kabağı

İÇİNDEKİLER:

- soğanlar
- Tarhun
- karabiber
- tuz
- kabak
- doğranmış elmalar
- ezilmiş ananas
- esmer şeker
- Tereyağı
- doğranmış cevizler
- portakal kabuğu

TALİMATLAR:

a) Soğanları tarhun, karabiber ve tuzla soteleyin.
b) Kabağı haşlayıp ezin.
c) Kıyılmış elmaları ekleyin.
d) Ezilmiş ananas, esmer şeker, tereyağı, doğranmış cevizler ve portakal kabuğunu ekleyin.
e) Üstünü doğranmış cevizler, esmer şeker ve tereyağı ile süsleyin.
f) 350 derecede 45 dakika-1 saat pişirin.

42. Kızarmış tavuk

İçindekiler:

1 bütün tavuk, 8 parçaya bölünmüş
2 bardak ayran
2 fincan çok amaçlı un
2 çay kaşığı tuz
2 çay kaşığı karabiber
1 çay kaşığı sarımsak tozu
1 çay kaşığı soğan tozu
1/2 çay kaşığı kırmızı biber
Kızartmak için bitkisel yağ
Talimatlar:

Büyük bir kapta tavuk parçalarını ayranın içinde en az 1 saat veya
bir gece buzdolabında bekletin.

Sığ bir tabakta un, tuz, karabiber, sarımsak tozu, soğan tozu ve
kırmızı biberi karıştırın.

Tavuk parçalarını ayrandan çıkarın ve fazlalıkları silkeleyin.

Her bir tavuk parçasını un karışımına bulayın, fazlalıkları
silkeleyin.

Orta-yüksek ateşte büyük bir tavada yaklaşık 1 inç bitkisel yağı
ısıtın.

Tavuk parçalarını altın rengi kahverengi olana ve tamamen pişene
kadar gruplar halinde kızartın; göğüsler için yaklaşık 12-15 dakika
ve butlar, butlar ve kanatlar için 15-18 dakika. Bunları kağıt
havlulara boşaltın.

43. Karides ve irmik

İçindekiler:

1 su bardağı taşlanmış irmik
4 bardak su
1/2 çay kaşığı tuz
1/2 su bardağı rendelenmiş kaşar peyniri
1/4 bardak ağır krema
1 lb büyük karides, soyulmuş ve ayrılmış
4 dilim pastırma, doğranmış
1 yeşil dolmalık biber, doğranmış
1 küçük soğan, doğranmış
2 diş sarımsak, kıyılmış
1/2 su bardağı tavuk suyu
2 yemek kaşığı tereyağı
Tatmak için tuz ve karabiber
Süslemek için kıyılmış soğan
Talimatlar:

Orta boy bir tencerede suyu ve tuzu kaynatın. İrmikleri yavaşça
karıştırın ve ısıyı en aza indirin.

İrmikleri ara sıra karıştırarak, kremsi ve yumuşak oluncaya kadar
yaklaşık 20-25 dakika pişirin.

Kaşar peynirini ve kremayı, peynir eriyene ve karışım pürüzsüz
hale gelinceye kadar karıştırın. Sıcak tutun.

Büyük bir tavada doğranmış pastırmayı çıtır çıtır olana kadar
pişirin. Oluklu bir kaşıkla çıkarın ve bir kenara koyun.

Aynı tavada yeşil dolmalık biberi, soğanı ve sarımsağı orta-yüksek
ateşte yumuşayana ve hafifçe kızarana kadar yaklaşık 5-7 dakika
soteleyin.

Karidesleri tavaya ekleyin ve pembeleşip iyice pişene kadar yaklaşık 3-4 dakika soteleyin.

Karidesleri tavadan alıp bir kenara koyun.

Tavuk suyunu ve tereyağını tavaya ekleyin ve tereyağı eriyene ve karışım pürüzsüz hale gelinceye kadar karıştırın.

Karidesleri ve irmikleri tuz ve karabiberle tatlandırın. İrmikleri kaselere dökün ve üzerine karides karışımını ekleyin.

Pişmiş pastırma ve doğranmış yeşil soğanla süsleyin.

44. Güney Usulü Kızarmış Tavuk

İçindekiler:

1 bütün tavuk, 10 parçaya bölünmüş
2 bardak ayran
1 yemek kaşığı acı sos
1 yemek kaşığı sarımsak tozu
1 yemek kaşığı soğan tozu
1 çay kaşığı füme kırmızı biber
1 çay kaşığı acı biber
2 fincan çok amaçlı un
1 yemek kaşığı kabartma tozu
1 yemek kaşığı tuz
1 çay kaşığı karabiber
Kızartmak için bitkisel yağ
Talimatlar:

Büyük bir kapta ayran, acı sos, sarımsak tozu, soğan tozu, füme kırmızı biber ve kırmızı biberi iyice birleşene kadar çırpın.
Tavuk parçalarını kaseye ekleyin, her parçanın ayran karışımıyla tamamen kaplandığından emin olun. Kaseyi plastik ambalajla örtün ve en az 2 saat veya gece boyunca buzdolabında saklayın.
Ayrı bir kapta un, kabartma tozu, tuz ve karabiberi birlikte çırpın.
Tavuğu ayran karışımından çıkarın, fazlalıkları silkeleyin ve her parçayı un karışımına bulayıp fazlalıkları silkeleyin.
Yaklaşık 1 inç bitkisel yağı büyük, kalın tabanlı bir tavada orta-yüksek ateşte 350°F'ye ulaşana kadar ısıtın.
Tavayı aşırı doldurmamaya dikkat ederek tavuk parçalarını sıcak yağa dikkatlice yerleştirin. Tavuğu 12-15 dakika veya altın rengi kahverengi ve çıtır çıtır olana kadar kızartın, pişirme işleminin yarısında parçaları bir kez çevirin.
Tavuğu tavadan çıkarın ve fazla yağı boşaltmak için tel ızgaranın üzerine yerleştirin.
Kızartılmış tavuğu, patates püresi ve kara lahana gibi sevdiğiniz yanlarıyla birlikte sıcak olarak servis edin.

45. kızarmış tavuk biftek

İçindekiler:

4 küp biftek
1 fincan çok amaçlı un
1 yemek kaşığı sarımsak tozu
1 yemek kaşığı soğan tozu
1 çay kaşığı kırmızı biber
1 çay kaşığı tuz
1/2 çay kaşığı karabiber
2 yumurta
1/4 su bardağı süt
Kızartmak için bitkisel yağ
Talimatlar:

Sığ bir tabakta un, sarımsak tozu, soğan tozu, kırmızı biber, tuz ve karabiberi birlikte çırpın.

Başka bir sığ tabakta yumurtaları ve sütü birlikte çırpın.

Her bir küp bifteği un karışımına, ardından yumurta karışımına, ardından tekrar un karışımına batırın ve her parçanın tamamen kaplandığından emin olun.

Yaklaşık 1/2 inç bitkisel yağı büyük, kalın tabanlı bir tavada orta-yüksek ateşte 350°F'ye ulaşana kadar ısıtın.

Tavayı aşırı doldurmamaya dikkat ederek küp biftekleri sıcak yağa dikkatlice yerleştirin. Bifteklerin her tarafını 3-4 dakika veya altın rengi kahverengi ve çıtır çıtır olana kadar kızartın.

Biftekleri tavadan çıkarın ve fazla yağı boşaltmak için tel ızgara üzerine yerleştirin.

Kızarmış tavuk bifteğini, patates püresi ve yeşil fasulye gibi favori yanlarınızla birlikte sıcak olarak servis edin.

ÇORBALAR VE YAHVELER

46. Çin Yahnisi

Yapım: 8 Porsiyon

İÇİNDEKİLER:

- Balık, ıstakoz veya yengeç
- kereviz
- fasulye
- 1 su bardağı pirinç, pişmiş
- mantarlar
- yer fıstığı
- yağ
- soğanlar
- brokoli

TALİMATLAR:

a) Bir wok üzerinde yağı orta ateşte ısıtın.
b) Soğanları, ardından kerevizi ve ardından mantarları kızartın. Her birini çıkarın.
c) Daha sonra fasulyeleri, brokolileri ve fıstıkları karıştırarak kızartın.
d) İlk partiyi ekleyin, ardından balığınızı ekleyin.
e) Son olarak 1 su bardağı pirinci ekleyip 1 dakika buharda pişirin.
f) Sert.

47. Fransız soğan çorbası

İÇİNDEKİLER:

- 6 su bardağı doğranmış soğan
- 3 10¾ onsluk kutu et suyu
- Dash Worcestershire
- Biber
- Dash beyaz şarap

TALİMATLAR:

a) Soğanları 3 yemek kaşığı tereyağında soteleyin ve geri kalan malzemeleri ekleyin.

b) 20 dakika pişirin ve peyniri ekleyin.

c) Ekmekle servis yapın.

48. Büyükannenin Köy Sığır Arpa Çorbası

İÇİNDEKİLER:

- ½-1 pound Sığır eti güveç eti
- 2 diş sarımsak
- 2 yemek kaşığı yağ
- 1 kutu domates
- 2 bardak havuç
- 2 su bardağı kereviz
- 2 su bardağı yeşil fasulye
- ½ bardak arpa
- 1 yemek kaşığı Worcestershire Sosu
- Fesleğen tutam
- Tuz ve biber
- 1 paket et bulyon

TALİMATLAR:

a) Dana güveç etini 2 yemek kaşığı yağda sarımsakla soteleyin.

b) Domates, havuç, kereviz, yeşil fasulye, arpa, Worcestershire sosu, bir tutam fesleğen, tuz, karabiber ve 1 paket dana bulyon ekleyin.

c) 3-4 saat kısık ateşte pişirin.

49. Öküz kuyruğu çorbası

İÇİNDEKİLER:

- 1 öküz kuyruğu
- 3 porsiyon Stok
- 1 büyük soğan
- 1 doğranmış havuç
- ½ bardak bordo
- 1 yemek kaşığı tereyağı
- 1 bahar kekiği
- ½ su bardağı doğranmış domates
- 1 sap kereviz
- 2 yay maydanoz
- 1 defne yaprağı
- 6 adet karabiber
- 1 yemek kaşığı Worcestershire sosu
- Tuz

TALİMATLAR:

a) Et ve soğanı tereyağında kavurun.

b) Kalan malzemeleri ekleyin ve yaklaşık 8 saat pişirin.

c) Eti kemiklerden çıkarın ve çorbaya geri dönün.

GARNİTÜR

50. Fırında Patates Şeritleri

İÇİNDEKİLER:

- Russet Patates, soyulmuş, dörde bölünmüş ve ardından 3 şerit halinde kesilmiş
- Margarin
- ½ su bardağı parmesan peyniri
- ½ su bardağı ekmek kırıntısı
- Sarımsak tuzu

TALİMATLAR:

a) Patatesleri margarine bulayın, ardından parmesan peyniri ve galeta ununa bulayın,
b) Sarımsak tuzu ile tatlandırın.
c) 400 derecelik fırında 30-35 dakika pişirin.

51. Peynirli Karnabahar

Yapım: 4-5 Porsiyon

İÇİNDEKİLER:

- 1 baş karnabahar, çiçeklerine ayrılmış
- Tuz
- ½ bardak mayonez
- 2 yemek kaşığı hazır hardal
- ¾ bardak rendelenmiş keskin peynir

TALİMATLAR:

a) Karnabaharı kaynar tuzlu suda 12-15 dakika önceden pişirin.

b) Boşaltmak. Yağlanmamış bir fırın tepsisine dizin.

c) Tuz serpin.

d) ½ bardak mayonez ve 2 yemek kaşığı hazırlanmış hardalı birleştirin. Karnabaharın üzerine yayın.

e) Üstüne ¾ bardak rendelenmiş keskin peynir ekleyin.

f) Yaklaşık 10 dakika boyunca veya peynir eriyene ve kabarcıklar oluşana kadar 375 derece F'de pişirin.

52. Gurme Patates

İÇİNDEKİLER:

- 12-14 patates
- 2 dilim ekstra keskin peynir, rendelenmiş
- 1 çubuk tereyağı
- 2 pint ekşi krema
- 1 orta boy soğan, doğranmış
- Tatmak için biber ve tuz

TALİMATLAR:

a) Patatesleri kabuklarıyla birlikte pişirin, soğumaya bırakın, soyun ve rendeleyin.

b) 2 çubuk ekstra keskin peyniri 1 çubuk tereyağıyla eritin. Bir kenara koyun.

c) 2 litre ekşi krema, 1 orta boy soğan ve Tuz ve karabiberi karıştırın.

d) Ekşi krema karışımına peynir ve tereyağı karışımını ekleyin.

e) Patateslerin üzerine dökün ve karıştırın.

f) Üzerine tereyağını koyun.

g) 350 derece F'de 45 dakika pişirin.

53. Patates Kügel

İÇİNDEKİLER:

- 6 orta boy patates
- 2 yumurta
- ½ su bardağı un
- ½ çay kaşığı kabartma tozu
- 1½ çay kaşığı tuz
- ½ çay kaşığı biber
- ¼ fincan Kısaltma
- 2 orta boy soğan

TALİMATLAR:

a) Patatesleri soyun ve rendeleyin.

b) Yumurtaları ekleyin ve pürüzsüz olana kadar çırpın.

c) Unu, tuzu, kabartma tozunu ve karabiberi birlikte eleyin. Patates karışımına ekleyin.

d) Soğanları rendeleyin ve kısa yağda açık kahverengi olana kadar soteleyin,

e) Hamura ekleyin ve yağlanmış bir tabakta 350°Fırında yaklaşık 1 saat veya gevrek ve kahverengi olana kadar pişirin.

54. Jiletli Patates

İÇİNDEKİLER:

- 6 ila 8 büyük oval patates
- 1 çay kaşığı tuz
- zevkinize biber
- ½ bardak tereyağı
- ½ su bardağı rendelenmiş parmesan peyniri
- ⅓ su bardağı kurutulmuş ekmek kırıntısı

TALİMATLAR:

a) Fırını 450 derece F'ye ısıtın. Patatesler aynı büyüklükte soyulmalıdır.

b) Her bir patates yığınını bir ucundan ¼ inç dilimler halinde, alttan ¼ inç yukarıda kalacak şekilde kesin, böylece dilim yumurtadan çıkar.

c) İyi yağlanmış sığ bir fırın tepsisine patatesleri dilimlenmiş kenarları yukarıya bakacak şekilde yerleştirin.

d) Tuz ve karabiber serpin ve biraz tereyağı serpin. Fırında 20 dakika pişirin.

e) Tavada ara sıra tereyağı ile kızartıyoruz. Peyniri ve ekmek kırıntılarını karıştırın; patateslerin arasına cömertçe serpin. Her birini üst kısımdan dilimleyin.

f) Altın kahverengi olana ve yumuşayana kadar ara sıra bastırarak 25 ila 30 dakika daha pişirin.

55. Kara lahana

İçindekiler:

2 lbs kara lahana, sapları çıkarılmış ve yaprakları doğranmış
6 su bardağı tavuk suyu
1 büyük soğan, doğranmış
3 diş sarımsak, kıyılmış
2 adet füme jambon veya hindi boynu
1 çay kaşığı tuz
1/2 çay kaşığı karabiber
1/4 çay kaşığı kırmızı biber gevreği
Talimatlar:

Büyük bir tencerede tavuk suyunu kaynatın.
Karalahanayı, soğanı, sarımsağı, jambon veya hindi boynunu, tuzu,
karabiberi ve pul biberi ekleyin.

TATLI

56. <u>All Star Dondurmalı Sandviçler</u>

Porsiyon: 4 porsiyon. | Hazırlık: 10 dakika | Pişirme: 5 dakika | Hazır olma süresi:

İçindekiler

1/2 bardak çikolata parçacıklı kurabiye hamuru dondurma, yumuşatılmış

8 Oreo kurabiyesi

6 ons sütlü çikolata şekeri kaplama, eritilmiş

Kırmızı, beyaz ve mavi sprinkler

Yön

Kurabiyelerin yarısına 2 yemek kaşığı dökün. dondurmayı, ardından kalan kurabiyeleri üstüne koyun. Üst kısımlarını eritilmiş kaplamayla kaplayın, ardından süslemek için serpin kullanın. En az bir saat boyunca bir fırın tepsisinde dondurun.

Beslenme bilgisi

Kalori:

Kolesterol:

Protein:

Toplam yağ:

Sodyum:

Lif:

Toplam karbonhidrat:

57. Elmalı Kremalı Turta

Servis: 8 | Hazırlık: 25 dakika | Pişirme: 35 dakika | Hazır olma süresi:

İçindekiler

4 su bardağı ince dilimlenmiş elma

1 su bardağı beyaz şeker

2 yemek kaşığı çok amaçlı un

1 çay kaşığı öğütülmüş hindistan cevizi

2 çay kaşığı öğütülmüş tarçın

4 yemek kaşığı tereyağı

2 bardak yarım buçuk

9 inçlik tek kabuklu pasta için 1 tarif pastası

Yön

Fırını 190°C'ye (375°F) ayarlayın ve ön ısıtmaya başlayın.

Elmaları pasta kabuğunun üzerine diziyoruz. Tarçın, hindistan cevizi, un ve şekeri birleştirin. Elma katmanına dağıtın.

Tereyağını eriyene kadar ısıtın ve kremayla karıştırın; elmaların üzerine yayıldı.

190°C'de (375°F) 35 dakika, kabuk altın rengine dönene, dolgu kabarcıkları oluşana ve elmalar yumuşayana kadar pişirin. Oda sıcaklığına ulaşana kadar soğumaya bırakın; Doldurmayı ayarlamak için buzdolabında soğutun.

Beslenme bilgisi

Kaloriler: 383 kalori;

Kolesterol: 38

Protein: 3.6

Toplam Yağ: 20,5

Sodyum: 183

Toplam Karbonhidrat: 48.6

58. Elmalı Soslu Köfte

Porsiyon: 8 porsiyon. | Hazırlık: 60 dakika | Pişirme: 50 dakika | Hazır olma süresi:

İçindekiler

3 su bardağı çok amaçlı un

1 çay kaşığı tuz

1 bardak kısaltma

1/3 su bardağı soğuk su

8 orta boy tart elma, soyulmuş ve çekirdeği çıkarılmış

8 çay kaşığı tereyağı

9 çay kaşığı tarçın-şeker, bölünmüş

SOS:

1-1/2 su bardağı paketlenmiş esmer şeker

1 bardak su

1/2 bardak tereyağı, küp şeklinde

Yön

Tuzu ve unu büyük bir kapta karıştırın, ardından ufalanana kadar yağda dilimleyin. Yavaş yavaş suya koyun ve bir hamur topu oluşana kadar fırlatmak için bir çatal kullanın. Hamuru 8 parçaya bölün, üzerini örtün ve ele alınması kolay olana kadar en az yarım saat soğutun.

Fırını 350 dereceye ayarlayın ve hamurun her bir kısmını hafifçe unla kaplanmış 2 mumlu kağıt tabakası arasında 7 inçlik kare şeklinde açın. Her kareye 1 elma koyun, ardından her elmanın ortasına 1 çay kaşığı tereyağı ve tarçın-şeker koyun.

Fazlalıkları keserek hamurun köşelerini her bir merkeze doğru yavaşça toplayın, ardından kenarları bastırarak kapatın. İsterseniz hamur artıklarından elmanın yapraklarını ve saplarını kesin, ardından bunları köftelere yapıştırmak için su kullanın. Yağla kaplanmış 13 inç x 9 inçlik bir pişirme kabına koyun ve üzerine serpmek için kalan tarçın-şekeri kullanın.

Sos malzemelerini büyük bir tencerede karıştırın. Birleşene kadar karıştırarak kaynatın, ardından elmaların üzerine gezdirin.

Hamur işi altın kahverengiye dönene ve elmalar yumuşayana kadar yaklaşık 50 ila 55 dakika pişirin, arada sırada kalan sosla tatlandırın. Sıcak servis yapın.

Beslenme bilgisi
  Kalori: 760 kalori
  Protein: 5g protein.
  Toplam Yağ: 40g yağ (16g doymuş yağ)
  Sodyum: 466mg sodyum
  Fiber: 3g fiber)
  Toplam Karbonhidrat: 97g karbonhidrat (59g şeker
  Kolesterol: 41mg kolesterol

59. Elmalı Limonlu Puf

Porsiyon: 1 porsiyon. | Hazırlık: 20 dakika | Pişirme: 15 dakika | Hazır olma süresi:

İçindekiler

1-1/2 çay kaşığı tereyağı

1 küçük elma, soyulmuş, çekirdeği çıkarılmış ve halkalar halinde kesilmiş

6 çay kaşığı şeker, bölünmüş

1 büyük yumurta, ayrılmış

1/2 çay kaşığı rendelenmiş limon kabuğu rendesi

1/4 çay kaşığı vanilya özü

1/2 çay kaşığı çok amaçlı un

Yön

Bir tavada orta ateşte tereyağını eritin. Elma halkaları ekleyin; üzerine 2 çay kaşığı şeker serpin. 1 kez çevirerek yumuşayana kadar pişirin. Vanilya, limon kabuğu rendesi ve yumurta sarısını bir kasede 1 dakika boyunca birlikte çırpın. Yumurta aklarını sert zirveler oluşana kadar ayrı bir kapta çırpın; kalan şekeri ve unu ekleyin. Yumurta sarısı karışımına katlayın. Hafifçe yağla kaplanmış 2 fincanlık bir pişirme kabına elma halkalarını koyun. Yumurtalı karışımı yayarak üzerine ekleyin. 350° sıcaklıkta sertleşene ve altın rengi kahverengi olana kadar veya 15-18 dakika pişirin. Servis tabağına ters çevirerek çıkarın.

Beslenme bilgisi

Kalori: 292 kalori

Sodyum: 121mg sodyum

Fiber: 3g fiber)

Toplam Karbonhidrat: 43g karbonhidrat (38g şeker)

Kolesterol: 228mg kolesterol

Protein: 7g protein.

Toplam Yağ: 11g yağ (5g doymuş yağ)

60. Elma Ahududu Gevreği

Porsiyon: 12 porsiyon. | Hazırlık: 35 dakika | Pişirme: 40 dakika | Hazır olma süresi:

İçindekiler

10 su bardağı ince dilimlenmiş soyulmuş tart elma (yaklaşık 10 orta boy)

4 su bardağı taze ahududu

1/3 su bardağı şeker

3 yemek kaşığı artı 3/4 su bardağı çok amaçlı un, bölünmüş

1-1/2 su bardağı eski moda yulaf

1 su bardağı paketlenmiş esmer şeker

3/4 bardak tam buğday unu

3/4 su bardağı soğuk tereyağı

Yön

Büyük bir kaseye ahududuları ve elmaları koyun. 3 yemek kaşığı çok amaçlı un ve şekeri koyun; kaplamak için hafifçe karıştırın. Yağlanmış 13x9-inç'e ekleyin. pişirme tavası.

Geriye kalan çok amaçlı un, tam buğday unu, esmer şeker ve yulafı küçük bir kasede karıştırın. Ufalanana kadar tereyağında ezin; üstüne dağıtın (tabak dolu olacak).

350°C'de kapaksız olarak 40-50 dakika veya üzeri altın rengi kahverengi olana ve içi kabarcıklı hale gelene kadar pişirin. Sıcakken servis yapın.

Beslenme bilgisi

Kalori: 353 kalori

Sodyum: 89mg sodyum

Fiber: 6g fiber)

Toplam Karbonhidrat: 59g karbonhidrat (35g şeker

Kolesterol: 30mg kolesterol

Protein: 4g protein.

Toplam Yağ: 13g yağ (7g doymuş yağ)

61. Elma Ceviz Hilalleri

Porsiyon: 16 porsiyon. | Hazırlık: 15 dakika | Pişirme: 20 dakika |
Hazır olma süresi:

İçindekiler

2 paket (her biri 8 ons) soğutulmuş hilal ruloları
1/4 su bardağı şeker
1 yemek kaşığı öğütülmüş tarçın
4 orta boy tart elma, soyulmuş ve dörde bölünmüş
1/4 su bardağı kıyılmış ceviz
1/4 bardak kuru üzüm, isteğe bağlı
1/4 bardak tereyağı, eritilmiş

Yön

Fırını önceden 375 derece F'ye ısıtarak hazırlayın. Hilal şeklindeki rulo hamuru açın ve 16 üçgene bölün. Tarçın ve şekeri karıştırın; Her üçgenin üzerine yaklaşık 1/2 çay kaşığı dökün. Kısa kenarına bir çeyrek elma koyun ve yuvarlayın. Daha sonra yağlanmış 15x10x1 inçlik bir fırın tepsisine koyun. İsterseniz kuru üzüm ve cevizi hamurun üzerine serpin. Tereyağı serpin. Kalan tarçın-şeker serpin. Önceden ısıtılmış fırına yerleştirin ve 20-24 dakika veya altın rengi kahverengi olana kadar pişirin. Sıcak servis yapın.

Beslenme bilgisi

Kalori: 177 kalori
Sodyum: 243mg sodyum
Lif: 1g lif)
Toplam Karbonhidrat: 19g karbonhidrat (9g şeker
Kolesterol: 8mg kolesterol
Protein: 2g protein.
Toplam Yağ: 10g yağ (3g doymuş yağ)

62. Kayısı Berry Kurabiye

Porsiyon: 2 porsiyon. | Hazırlık: 15 dakika | Pişirme: 0 dakika | Hazır olma süresi:

İçindekiler

1 su bardağı taze ahududu ve/veya böğürtlen

1 yemek kaşığı şeker

Dash öğütülmüş hindistan cevizi

1/4 su bardağı kayısı reçeli

1 çay kaşığı tereyağı

Tutam tuz

2 adet tek kişilik yuvarlak pandispanya

Krem şanti

Yön

Küçük kapta hindistan cevizi, şeker ve meyveleri karıştırın; kapak. Bir saat buzdolabında bekletin.

Tuz, tereyağı ve reçeli küçük bir tencerede kısık ateşte tereyağı eriyene kadar karıştırarak pişirin. Pandispanyaları mikrodalgada 20 saniye yüksek sıcaklıkta ısıtın; servis tabaklarına koyun. Berry karışımını üstüne koyun; üzerine kayısı sosunu gezdirin. Üzerine bir tutam krem şanti koyun.

Beslenme bilgisi

Kalori: 253 kalori

Toplam Karbonhidrat: 54g karbonhidrat (32g şeker)

Kolesterol: 33mg kolesterol

Protein: 2g protein.

Toplam Yağ: 4g yağ (2g doymuş yağ)

Sodyum: 283mg sodyum

Fiber: 4g fiber)

63. <u>FISTIK ezmesiyle şekerleme</u>

Porsiyon: 3 pound. | Hazırlık: 20 dakika | Pişirme: 5 dakika | Hazır olma süresi:

İçindekiler

1 çay kaşığı artı 1/2 bardak tereyağı, bölünmüş
1 su bardağı iri fıstık ezmesi
1 paket (8 ons) işlenmiş peynir (Velveeta), küp şeklinde
1 paket (2 pound) şekerleme şekeri
1-1/2 çay kaşığı vanilya özü

Yön

13 inç x 9 inçlik bir tavayı hizalamak için folyo kullanın ve folyoyu 1 çay kaşığı tereyağıyla yağlayın; kenara koymak.

Kalan tereyağını, peyniri ve fıstık ezmesini büyük, ağır bir tencerede karıştırın. Orta ateşte eriyene kadar karıştırarak pişirin. Sıcaktan çıkarın. Vanilya ve şekerleme şekerini yavaş yavaş birleşene kadar karıştırın (karışım koyulaşacaktır).

Yağlanmış tavaya paylaştırın. 2 saat veya sertleşene kadar buzdolabında saklayın.

Folyo kullanarak şekerlemeyi tavadan çıkarın. Folyo atın; şekerlemeyi 1 inç kareler halinde dilimleyin. Buzdolabında saklamak için hava geçirmez bir kaba koyun.

Beslenme bilgisi

Kalori: 69 kalori
Toplam Karbonhidrat: 10g karbonhidrat (9g şeker
Kolesterol: 5mg kolesterol
Protein: 1g protein. Diyabetik Değişimler: 1/2 nişasta
Toplam Yağ: 3g yağ (1g doymuş yağ)
Sodyum: 50mg sodyum
Fiber: 0 fiber)

64. Ünlü Butterscotch Cheesecake

Porsiyon: 12 porsiyon. | Hazırlık: 30 dakika | Pişirme: 01 saat05 dakika | Hazır olma süresi:

İçindekiler

1-1/2 bardak graham kraker kırıntısı

1/3 su bardağı paketlenmiş esmer şeker

1/3 su bardağı tereyağı, eritilmiş

1 kutu (14 ons) şekerli yoğunlaştırılmış süt

3/4 bardak soğuk %2 süt

1 paket (3,4 ons) hazır tereyağlı puding karışımı

3 paket (her biri 8 ons) krem peynir, yumuşatılmış

1 çay kaşığı vanilya özü

3 büyük yumurta, hafifçe dövülmüş

İsteğe göre krem şanti ve ezilmiş karamela şekeri

Yön

Yağlanmış 9 inçlik yaylı bir tavayı, çift kalınlıkta ağır hizmet tipi folyoya (yaklaşık 18 inç kare) yerleştirin. Folyoyu tavanın etrafına güvenli bir şekilde sarın. Küçük bir kapta şekeri ve kraker kırıntılarını karıştırın; tereyağıyla karıştırın. Karışımı hazırlanan tavanın tabanına bastırın. Tavayı bir fırın tepsisine yerleştirin. 325 derecede 10 dakika pişirin. Soğutmak için tel rafın üzerine yerleştirin.

Puding karışımını ve sütleri küçük bir kapta yaklaşık 2 dakika çırpın. Yumuşak sertleşene kadar yaklaşık 2 dakika bekletin.

Aynı zamanda krem peyniri büyük bir kapta pürüzsüz hale gelinceye kadar çırpın. Vanilya ve pudingi çırpın. Yumurtaları ekleyin ve düşük hızda karışana kadar çırpın. Kabuğun üzerine dökün. Yaylı tavayı büyük bir fırın tepsisine yerleştirin; Daha büyük bir tavaya 1 inç sıcak su dökün.

Üst kısmı donuk görünene ve ortası neredeyse hazır olana kadar 325 derecede 65-75 dakika pişirin. Yaylı tavayı su banyosundan çıkarın.

Tel ızgara üzerinde 10 dakika soğumaya bırakın.

Gevşetmek için tavanın kenarını dikkatlice takip eden bir bıçak çalıştırın; 1 saat daha soğumaya bırakın. Gece boyunca buzdolabında soğutun. İsterseniz süslemek için krem şanti ve karamela şekerleri kullanın.

Beslenme bilgisi
  Kalori: 473 kalori
  Protein: 10g protein.
  Toplam Yağ: 30g yağ (18g doymuş yağ)
  Sodyum: 460mg sodyum
  Fiber: 0 fiber)
  Toplam Karbonhidrat: 42g karbonhidrat (34g şeker
  Kolesterol: 141mg kolesterol

65. Avusturya Fındıklı Kurabiye

Porsiyon: 10 sandviç kurabiyesi. | Hazırlık: 30 dakika | Pişirme: 10 dakika | Hazır olma süresi:

İçindekiler

1 fincan çok amaçlı un

2/3 su bardağı ince kıyılmış badem

1/3 su bardağı şeker

1/2 bardak tereyağı, yumuşatılmış

1/4 su bardağı çekirdeksiz ahududu reçeli

BUZLANMA:

1 ons şekersiz çikolata, eritilmiş ve soğutulmuş 1/3 bardak şekerleme şekeri 2 yemek kaşığı tereyağı, yumuşatılmış Şeritli badem, isteğe bağlı

Yön

Bir kapta şekeri, doğranmış bademleri ve unu karıştırın; Hamur birleşene kadar tereyağında karıştırın. Hamuru 1/8-inç'e kadar yuvarlayın. unlu yüzeyde kalın; 2 inç kullanarak kesin. yuvarlak kesici. Yağlanmış fırın tepsilerine 1 inç koyun. ayrı; kapak. Bunları 1 saat buzdolabında saklayın.

Ortaya çıkarmak; 375°'de kenarları hafifçe kızarıncaya kadar veya 7-10 dakika pişirin. Tel raflara aktarın; tamamen harika. 1/2 kurabiyeyi reçelle yayın; üstüne başka bir kurabiye koyun.

Krema: Tereyağı, şekerleme şekeri ve çikolatayı karıştırın; kurabiyelerin üzerine yayıldı. Süslemek için şeritli badem kullanın.

Beslenme bilgisi

Kalori: 277 kalori

Toplam Yağ: 18g yağ (9g doymuş yağ)

Sodyum: 92mg sodyum

Fiber: 2g fiber)

Toplam Karbonhidrat: 28g karbonhidrat (16g şeker

Kolesterol: 31mg kolesterol

Protein: 4g protein.

66. Muzlu Elma Soslu Kek

Porsiyon: 16-20 porsiyon. | Hazırlık: 40 dakika | Pişirme: 25 dakika | Hazır olma süresi:

İçindekiler

1 bardak tereyağı, yumuşatılmış

2 su bardağı şeker

4 yumurta, ayrılmış

3 su bardağı çok amaçlı un

2 çay kaşığı kabartma tozu

1 bardak süt

1/2 çay kaşığı vanilya özü

1/2 çay kaşığı limon özü

DOLGU:

2 su bardağı şekerli elma püresi

3 orta boy sert muz, dilimlenmiş

3 yemek kaşığı limon suyu

BUZLANMA:

1 su bardağı şeker

2 yumurta akı

3 yemek kaşığı su

1/2 çay kaşığı tartar kreması

1/4 çay kaşığı tuz

1 çay kaşığı vanilya özü

1/4 su bardağı şekerli kıyılmış hindistan cevizi, kızartılmış

Yön

Şekeri ve tereyağını büyük bir kapta kabarık ve hafif oluncaya kadar kremalayın. Yumurta sarısını çırpın ve ardından çıkarın. Kabartma tozunu ve unu karıştırın, ardından sütle dönüşümlü olarak kremalı karışıma ekleyin.

Her artıştan sonra iyi atıyor.

Yumurta aklarını küçük bir kapta yumuşak tepeler oluşturacak şekilde çırpın, ardından yavaşça hamura katlayın. Yağla kaplanmış 3 adet 9 inçlik yuvarlak fırın tepsisine aktarın. Kek testleri yapılana kadar 350 derecede yaklaşık 25 ila 30 dakika pişirin. Yaklaşık 10 dakika soğumaya bırakın, ardından tavalardan çıkarın ve tamamen soğuması için tel rafların üzerine yerleştirin.

Elma püresini bölün ve 2 kek katına yayın. Muzları limon suyuna batırın ve elma püresinin üzerine yerleştirin. Servis tabağına üst üste düz bir tabaka halinde istifleyin.

Kremayı hazırlamak için tuzu, tartar kremasını, suyu, yumurta aklarını ve şekeri büyük, ağır bir tencerede kısık ateşte karıştırın. El mikseri kullanarak düşük hızda yaklaşık bir dakika çırpın, ardından düşük sıcaklıkta, düşük hızda 8 ila 10 dakika, donma 160 dereceye ulaşana kadar çırpmaya devam edin.

Büyük bir kaseye aktarın, ardından vanilyayı koyun. Sert zirveler oluşuncaya kadar 7 dakika boyunca yüksek hızda çırpın. Pastanın üstünü ve yanlarını süsleyin, ardından üzerine serpmek için hindistan cevizini kullanın. Depolama için buzdolabında saklayın.

Beslenme bilgisi

Kalori: 332 kalori

Protein: 4g protein.

Toplam Yağ: 11g yağ (7g doymuş yağ)

Sodyum: 191mg sodyum

Lif: 1g lif)

Toplam Karbonhidrat: 55g karbonhidrat (39g şeker

Kolesterol: 69mg kolesterol

67. Muzlu Cipsli Kek

Porsiyon: 16 porsiyon. | Hazırlık: 25 dakika | Pişirme: 40 dakika |
Hazır olma süresi:

İçindekiler

1 paket sarı kek karışımı (normal ölçü)

1-1/4 su bardağı su

3 büyük yumurta

1/2 bardak şekersiz elma püresi

2 orta boy muz, püresi

1 su bardağı minyatür yarı tatlı çikolata parçaları

1/2 su bardağı kıyılmış ceviz

Yön

Elma püresi, yumurta, su ve kek karışımını büyük bir kapta çırpın; Karışımı yarım dakika kadar düşük devirde karıştırın. Orta hıza yükseltin ve 2 dakika karıştırın. Ceviz, cips ve muzları karıştırın.

10 inçlik yivli tüplü bir tavaya püskürtmek için pişirme spreyi kullanın, ardından üzerine un serpin; hamuru dökün. Kekin ortasına batırdığınız kürdan temiz çıkana kadar, yani yaklaşık 40 ila 50 dakika kadar 350 derecede pişirin. Pastayı 10 dakika soğumaya bırakın; tavadan çıkarın ve bir tel ızgara üzerine yerleştirin, ardından tamamen soğutun.

Beslenme bilgisi

Kalori: 233 kalori

Lif: 1g lif)

Toplam Karbonhidrat: 38g karbonhidrat (24g şeker

Kolesterol: 40mg kolesterol

Protein: 3g protein.

Toplam Yağ: 9g yağ (4g doymuş yağ)

Sodyum: 225mg sodyum

68. Muzlu Flip Kek

Porsiyon: 16 porsiyon. | Hazırlık: 30 dakika | Pişirme: 30 dakika |
Hazır olma süresi:

İçindekiler

1 paket sarı kek karışımı (normal ölçü)
1 paket (3,4 ons) hazır muz veya vanilyalı puding karışımı
1-1/2 bardak %2 süt
4 yumurta

BUZLANMA:

1/3 bardak çok amaçlı un
1 bardak %2 süt
1/2 bardak tereyağı, yumuşatılmış
1/2 bardak kısaltma
1 su bardağı şeker
1-1/2 çay kaşığı vanilya özü
2 yemek kaşığı şekerleme şekeri

Yön

Yağla kaplanmış 2 adet 15" x10" x1" fırın tepsisini yağlı kağıt kullanarak hizalayın, ardından kağıdı yağlayın ve bir kenara koyun.

Yumurta, süt, puding karışımı ve kek karışımını büyük bir kapta karıştırın, ardından düşük hızda yaklaşık yarım dakika çırpın. Yaklaşık 2 dakika kadar orta ateşte çırpmaya devam edin.

Hamuru önceden hazırlanmış tavalara yayın ve ortasına yerleştirildikten sonra kürdan temiz çıkana kadar 350 derecede yaklaşık 12 ila 15 dakika pişirin. Tamamen soğuması için tel rafların üzerine ters çevirmeden önce yaklaşık 5 dakika soğumaya bırakın. Mumlu kağıdı yavaşça soyun.

Bu arada küçük bir tencerede süt ve unu pürüzsüz hale gelinceye kadar çırpın. Karışımı kaynatın, ardından pişirin ve koyulaşana kadar yaklaşık 2 dakika karıştırın. Ateşten alın, bir örtü üzerine koyun ve oda sıcaklığına soğumaya bırakın.

Şekeri, katı yağı ve tereyağını ağır hizmet tipi bir stand mikserinin kasesinde kabarık ve hafif oluncaya kadar krema haline getirin. Vanilyada çırpın. Süt karışımını ekleyin ve kabarıncaya kadar yaklaşık 10 ila 15 dakika yüksek devirde çırpın.

Bir keki büyük bir kesme tahtası üzerine koyun ve üzerine krema sürün. Kalan keki üstüne koyun ve üzerine daha fazla şekerleme şekeri serpin. Pastayı dilimler halinde kesin ve kalanları soğutun.
Beslenme bilgisi
Kalori: 355 kalori
Sodyum: 372mg sodyum
Fiber: 0 fiber)
Toplam Karbonhidrat: 49g karbonhidrat (35g şeker
Kolesterol: 71mg kolesterol
Protein: 4g protein.
Toplam Yağ: 16g yağ (7g doymuş yağ)

69. İki Kişilik Muzlu Romlu Dondurma

Porsiyon: 2 porsiyon. | Hazırlık: 10 dakika | Pişirme: 10 dakika | Hazır olma süresi:

İçindekiler

1 yemek kaşığı tereyağı

1/4 su bardağı paketlenmiş esmer şeker

Dash öğütülmüş hindistan cevizi

2 orta boy muz, yarıya bölünmüş ve dilimlenmiş

2 yemek kaşığı altın kuru üzüm

1 yemek kaşığı rom

1 yemek kaşığı dilimlenmiş badem, kızartılmış

1-1/3 bardak vanilyalı dondurma

Yön

Orta-düşük ısıda, büyük yapışmaz tavada tereyağını eritin.

Karışıma kahverengi şeker ve hindistan cevizini karışana kadar karıştırın.

Isıyı kapatın; bademleri, kuru üzümleri, romu ve muzları ekleyin. Orta ateşte, hafifçe karıştırarak, muzlar hafifçe yumuşayıp şeffaflaşana kadar yaklaşık 3-4 dakika pişirin. Dondurmanın yanında servis yapın.

Beslenme bilgisi

Kalori: 497 kalori

Protein: 5g protein.

Toplam Yağ: 17g yağ (10g doymuş yağ)

Sodyum: 124mg sodyum

Fiber: 4g fiber)

Toplam Karbonhidrat: 82g karbonhidrat (63g şeker

Kolesterol: 54mg kolesterol

70. <u>Muzlu Bölmeli Kurabiye</u>

Porsiyon: 4 porsiyon | Hazırlık: 10 dakika | Pişirme: 0 dakika | Hazır olma süresi:

İçindekiler

8 dilim pound kek (1/2 inç kalınlığında) veya 4 ayrı yuvarlak pandispanya

2 orta boy sert muz, 1/4-inç dilimler halinde kesilmiş 4 kaşık vanilyalı dondurma 1/4 bardak çikolata sosu

Yön

Kek dilimlerini dört ayrı tabağa koyun. Üstüne dondurma ve muz ekleyin. Çikolata sosuyla süsleyin.

Beslenme bilgisi

Kalori:

Sodyum:

Lif:

Toplam karbonhidrat:

Kolesterol:

Protein:

Toplam yağ:

71. Berry Mavisi Pops

Servis: 18 pop. | Hazırlık: 25 dakika | Pişirme: 0 dakika | Hazır olma süresi:

İçindekiler

6 yemek kaşığı meyve mavisi jelatin

1 su bardağı şeker, bölünmüş

2 bardak kaynar su, bölünmüş

2 bardak soğuk su, bölünmüş

6 yemek kaşığı çilek jelatin

18 dondurucu pop kalıbı veya 18 kağıt bardak (her biri 3 ons) ve ahşap pop çubukları

Yön

Küçük bir kasede 1/2 bardak şekeri ve meyve mavisi jelatin tozunu 1 bardak kaynar suda eritin. 1 su bardağı soğuk suyu karıştırın. Ayrı bir kapta kalan şekeri ve çilekli jelatin tozunu kalan kaynar suyun içinde eritin. Kalan soğuk suyu karıştırın.

1/2 çilekli jelatin karışımı ve 1/2 meyve mavisi jelatin karışımını küçük bir kapta karıştırın. Hepsini buzlukta sulu kıvama gelene kadar veya 1 3/4-2 saat bekletin. Büyük bir kapta 3 rengi dilediğiniz gibi karıştırın. Her bardağı/kalıbı 1/4 bardak jelatin karışımıyla doldurun. Tutucuları üstüne koyun. Bardakların (kullanılıyorsa) üzerini folyoyla örtün, ardından çubukları folyonun içine sokun. Sertleşinceye kadar dondurun.

Beslenme bilgisi

Kalori: 77 kalori

Sodyum: 21mg sodyum

Fiber: 0 fiber)

Toplam Karbonhidrat: 19g karbonhidrat (19g şeker

Kolesterol: 0 kolesterol

Protein: 1g protein. Diyabetik Değişimler: 1 nişasta.

Toplam Yağ: 0 yağ (0 doymuş yağ)

72. Siyah Kiraz Şerbeti

Porsiyon: 2-1/2 litre. | Hazırlık: 25 dakika | Pişirme: 20 dakika | Hazır olma süresi:

İçindekiler

4 bardak taze veya dondurulmuş dörde bölünmüş, çekirdekleri çıkarılmış koyu tatlı kiraz, çözülmüş

1 su bardağı şeker

2 litre siyah vişne sodası, soğutulmuş

1 kutu (14 ons) şekerli yoğunlaştırılmış süt

1 bardak (6 ons) minyatür yarı tatlı çikolata parçacıkları

Yön

Büyük bir tencerede kirazları ve şekeri orta ateşte hafif koyulaşana kadar yaklaşık 15 dakika pişirin, arada sırada karıştırın. Büyük bir kaseye ekleyin; oda sıcaklığına kadar soğumaya bırakın. Soğuyana kadar buzdolabında saklayın.

Karışıma soda, süt ve çikolata parçacıklarını karıştırın. Karışımı üçte ikisi dolana kadar dondurma dondurucunun silindirine doldurun; Üreticinin talimatlarına uyarak dondurun. (Karışımın geri kalanını donmaya hazır olana kadar buzdolabında saklayın.) Dondurmayı dondurucu kaplara ekleyin, genleşmesi için üst kısmında boşluk bırakın. 2-4 saat sertleşene kadar dondurun. İşlemi dondurma karışımının geri kalanıyla tekrarlayın.

Beslenme bilgisi

Kalori: 213 kalori

Lif: 1g lif)

Toplam Karbonhidrat: 43g karbonhidrat (41g şeker

Kolesterol: 7mg kolesterol

Protein: 2g protein.

Toplam Yağ: 5g yağ (3g doymuş yağ)

Sodyum: 39mg sodyum

73. Böğürtlenli Kek

Porsiyon: 6 porsiyon. | Hazırlık: 10 dakika | Pişirme: 15 dakika | Hazır olma süresi:

İçindekiler

6 adet tek kişilik yuvarlak pandispanya

4 su bardağı taze böğürtlen

1/4 bardak böğürtlen brendi

1-1/4 çay kaşığı şeker

İsteğe göre krem şanti

Yön

Pandispanyaları servis tabaklarına dizin. Üzerine üç adet böğürtlen yerleştirin. Böğürtlenlerin geri kalanını bir mutfak robotu kullanarak karıştırın; püre haline gelinceye kadar karıştırın. Hamuru ve tohumları çıkarmak için filtreleyin. Püreyi küçük bir tencereye dökün. Karıştırırken şekeri ve brendiyi karıştırın. Kaynamaya bırakın ve sıvının yarısı buharlaşana kadar periyodik olarak karıştırarak pişirmeye devam edin. Çileklerin üzerine dökün. Tercihe göre üzerine krema olarak kremşanti kullanabilirsiniz.

İÇECEKLER

74. Elmalı Turta Ay Işığı

İÇİNDEKİLER:

- ½ galon elma şarabı
- ½ galon elma suyu
- 1 litrelik Everclear
- 1 su bardağı esmer şeker
- 1 su bardağı beyaz şeker
- 1 bardak vanilya
- Tarçın çubukları
- küçük hindistan cevizi
- Dash elmalı turta baharatı

TALİMATLAR:

a) Büyük bir tencerede elma suyu, elma şarabı, beyaz şeker, esmer şeker, tarçın çubukları, hindistan cevizi, vanilya ve elmalı turta baharatını birleştirin; neredeyse kaynatın.

b) Tencereyi bir kapakla kapatın, ısıyı azaltın ve yaklaşık 1 saat pişirin.

c) Isıdan çıkarın ve tamamen soğutun.

d) Everclear'ı elma şurubuna ekleyin; tarçın çubuklarını çıkarın.

e) Elmalı turta kaçak içkisini temiz cam kavanozlara veya şişelere dökün.

f) Buzdolabında saklayın.

75. Gündoğumu EggNog

İÇİNDEKİLER:

- 1 litre Stewart'ın Egg Nog'u
- 3 onsluk konyak
- 1½ ons rom
- 1½ ons kremalı kakao

TALİMATLAR:

a) Tüm malzemeleri birleştirin.
b) İyice karıştırın.
c) İsterseniz soğutun

76. Meyve Şurubu

İÇİNDEKİLER:

- 3 pound Meyve
- 2½ pound Şeker
- Cin, votka veya brendi

TALİMATLAR:

a) Meyveyi şekerle birlikte 1 galonluk bir kavanoza koyun ve cin, votka veya brendi ekleyin.

b) Örtün ve bir kenara koyun.

c) Her gün 2 veya 3 kez çevirin. Çalkalama. Şeker eriyene kadar tekrarlayın.

d) Yaklaşık 2 ayda iyi.

77. Üzüm şarabı

İÇİNDEKİLER:

- Üzüm
- Şeker
- su

TALİMATLAR:
YÖNTEM 1
a) Üzümleri yıkayıp saplayın
b) Patatesleri bir tavada eziciyle ezin ve temiz bir tencereye boşaltın.
c) Şekeri az miktarda sıcak suda eritin. Üzümlere ekleyin.
d) Hamuru her gün çevirerek 5 veya 6 gün veya 7-10 gün bekletin.
e) Üstündeki posayı çıkarın ve yaklaşık 30 gün bekletin ve şişeleyin.
YÖNTEM 2
a) Posayı alın ve üzerine su ve şeker ekleyin. Tekrar 5-10 gün bekletin.
b) Posasını sıkın ve 30 gün bekletin ve şişeleyin.

78. kahve likörü

İÇİNDEKİLER:

- 3 su bardağı beyaz şeker
- 1 su bardağı esmer şeker
- 2 bardak su
- 2 ons hazır kahve
- 1 vanilya çekirdeği
- 1-litre votka (90-proof kullanıyoruz)

TALİMATLAR:

a) 2 bardak suyu hafif/hafif bir kaynamaya getirin.

b) Hazır kahveyi karıştırın.

c) Şekerler eriyene kadar karıştırın. Soğuması için bir kenara koyun.

d) ½ galonluk veya (1¾ litre) koyu viski şişesine votkayı dökün.

e) Vanilya fasulyesini 1 inçlik şeritler halinde kesin ve şişeye koyun.

f) Soğuyan karışımın içini doldurun,

g) Karıştırmak için şişeyi çevirin.

h) 1 ay boyunca karanlık bir yerde saklayın

i) Not: Vanilya çekirdeği ayın sonunda (olgunlaşma dönemi) tamamen çözülür. Vanilya çekirdeğini bazı marketlerden alabilirsiniz ancak baharatçılarda veya diğer sağlıklı gıda mağazalarında çok daha ucuz olduklarını gördük.

79. Yuban Kahveli Kahlua

İÇİNDEKİLER:

- 1 litre su
- 3 su bardağı şeker
- 10 çay kaşığı Yuban Hazır Kahve (başka marka yok)
- 3 çay kaşığı saf vanilya özü
- 3 bardak votka (90 adet)

TALİMATLAR:

a) Su, şeker ve kahveyi ağzı açık bir tencerede 1 saat kaynatın.

b) Oda sıcaklığına soğutun ve vanilya özü ve votka ekleyin.

80. Vanilya Özlü Kahlua

İÇİNDEKİLER:

- 1 litre su (4 su bardağı)
- 3 su bardağı şeker
- 10 çay kaşığı hazır kahve
- 9 çay kaşığı vanilya özü
- 3 bardak votka

TALİMATLAR:

a) Su, şeker ve kahveyi kaynatın ve 3 saat pişirin.
b) Soğutun ve vanilya ve votka ekleyin

TURŞULAR, KORUMALAR VE LEZZETLER

81. 48 Saat Turşu

İÇİNDEKİLER:

- 1 ¾ litre su
- 1½ su bardağı sirke
- ⅓ bardak tuz
- ½ bardak) şeker
- 7-10 salatalık, dörde bölünmüş
- tatmak için dereotu
- tatmak için sarımsak

TALİMATLAR:

a) Su, sirke, tuz ve şekeri birlikte kaynatın. Serin.
b) Soğutulmuş salamurayı salatalıkların üzerine dökün;
c) Tadına göre sarımsak ve dereotu ekleyin.
d) Tadının gelişmesi için 1 hafta buzdolabında bekletin.

82. Ekmek ve Tereyağı Gerkins

İÇİNDEKİLER:

- 4 litre dilimlenmiş kek
- 1 litre dilimlenmiş soğan
- 4 su bardağı beyaz şeker
- 1 litre sirke / elma şarabı (bir litreye kadar kesilmiş)
- 1-litre su (pint'e kadar kesilmiş)
- 1 yemek kaşığı tuz
- 1 yemek kaşığı zerdeçal
- 2 yemek kaşığı hardal tohumu

TALİMATLAR:

a) Hepsini karıştırıp yavaş yavaş kaynamaya bırakın.

b) 10 dakika pişirin.

c) Hemen sıcak, sterilize edilmiş kavanozlara koyun ve kapatın.

83. Ekmek ve Tereyağı Turşusu

İÇİNDEKİLER:

- 4 litre dilimlenmiş kek (ince)
- 1 litre dilimlenmiş soğan
- 4 su bardağı beyaz şeker
- 1 litre sirke / elma şarabı
- 1 litre su
- 1 yemek kaşığı tuz
- 1 yemek kaşığı zerdeçal
- 2 yemek kaşığı hardal tohumu

TALİMATLAR:

a) Hepsini birleştirin ve yavaş yavaş kaynatın.

b) 10 dakika pişirin.

c) Hemen sıcak, sterilize edilmiş kavanozlara koyun ve kapatın.

84. Karnabahar Turşusu

İÇİNDEKİLER:

- 2 büyük karnabahar
- 12 orta boy soğan
- ¼ bardak tuz
- ¾ bardak şeker
- 1 çay kaşığı öğütülmüş zerdeçal
- 2 çay kaşığı bütün hardal tohumu
- 1 çay kaşığı kereviz tohumu
- 1 küçük kuru kırmızı biber
- ½ çay kaşığı bütün karanfil
- 1½ su bardağı beyaz sirke
- 1½ su bardağı su

TALİMATLAR:

a) Karnabaharı dilimlenmiş soğanla tuzla birleştirin ve bir gece bekletin.

b) Ertesi gün soğuk suyla durulayın.

c) Baharatları, sirkeyi ve suyu bir su ısıtıcısında birleştirin.

d) Tülbent torbaya bağlanmış karanfilleri ekleyin. 5 dakika kaynatın.

e) Karnabaharı ve soğanı ekleyip 10 dakika kaynatın, karanfil ve kırmızı biberi çıkarın.

f) Sıcak kavanozlara paketleyin.

85. Kolay Dereotu Turşusu

İÇİNDEKİLER:

- ¾ bardak şeker
- ½ bardak tuz
- 1 litre sirke
- 1 litre su
- 3 yemek kaşığı karışık dekapaj baharatları
- 30-40 salatalık, uzunlamasına ikiye kesilmiş
- Yeşil veya kuru dereotu

TALİMATLAR:

a) Salatalığı yıkayıp kurulayın.

b) Orta boy bir tencerede su, sirke, tuz ve şekeri birleştirin.

c) Şeker ve tuzun erimesini sağlamak için kaynatın ve döndürün.

d) Isıdan çıkarın ve oda sıcaklığına soğutun.

e) Kavanozlara salatalık ekleyin. Tuzlu su için yer isteyeceğiniz için bunları çok sıkı paketlemeyin.

f) Taze dereotu ve karışık dekapaj baharatlarını ekleyin.

g) Salatalıkları kaplayacak kadar tuzlu su ekleyerek işlemi tamamlayın. Hava geçirmez bir kapakla kapatın ve buzdolabında en az bir hafta saklayın.

86. Üzüm Konservesi

İÇİNDEKİLER:

- 3 kilo üzüm
- 3 kilo Şeker
- 1 kiloluk çekirdeklenmiş kuru üzüm
- 3 portakal
- ½ pound Ceviz eti, doğranmış

TALİMATLAR:

a) Üzüm kabuklarını posadan ayırın. Posayı yaklaşık 10 dakika pişirin ve ardından kabuklarıyla birleştirmeden önce çekirdeklerini çıkarmak için süzün.

b) Kuru üzümleri ve portakalları mutfak robotundan geçirin. Üzümlere ekleyin.

c) Şekeri ekleyin ve sık sık karıştırarak yaklaşık 45 dakika yavaş yavaş pişirin.

d) Kapatmadan önce ilk olarak cevizi ekleyin. Küçük kavanozlara dökün ve kapatın.

87. buz saçağı turşusu

Yapar: yaklaşık 6 pint

İÇİNDEKİLER:

- 3 pound 4 inç salatalık, 8 inç uzunlamasına dilimlenmiş
- 6 küçük soğan, dörde bölünmüş
- Altı adet 5 inçlik kereviz parçası
- 1 yemek kaşığı hardal tohumu
- 1 litre damıtılmış beyaz sirke
- ¼ bardak tuz
- 2½ su bardağı toz şeker
- 1 bardak su

TALİMATLAR:

a)   Salatalıkları yıkayın, kesin ve 3 saat buzlu suda bekletin.

b)   Boşaltın ve temiz yarım litrelik kavanozlara koyun.

c)   Her kavanoza 1 soğan, 1 parça kereviz ve ½ çay kaşığı hardal tohumu ekleyin.

d)   Sirke, tuz, şeker ve suyu birleştirin ve kaynatın.

e)   Şekerli solüsyonu salatalıkların üzerine dökün ve kavanozları üstten yarım santim kadar doldurun.

f)   Derhal kapakları kapatın ve kaynar su banyosunda 10 dakika işlemden geçirin.

88. Biber Tadı

İÇİNDEKİLER:

- 12 kırmızı biber
- 12 yeşil biber
- 8 büyük soğan

TALİMATLAR:

a) Doğrayın, üzerine kaynar su dökün ve 15 dakika bekletin.
b) Boşaltın ve 1 tablet ekleyin. Tuz, 1 su bardağı şeker, 2 su bardağı sirke
c) Yaklaşık 15 dakika kaynatıp şişeleyin.

89. pancar turşusu

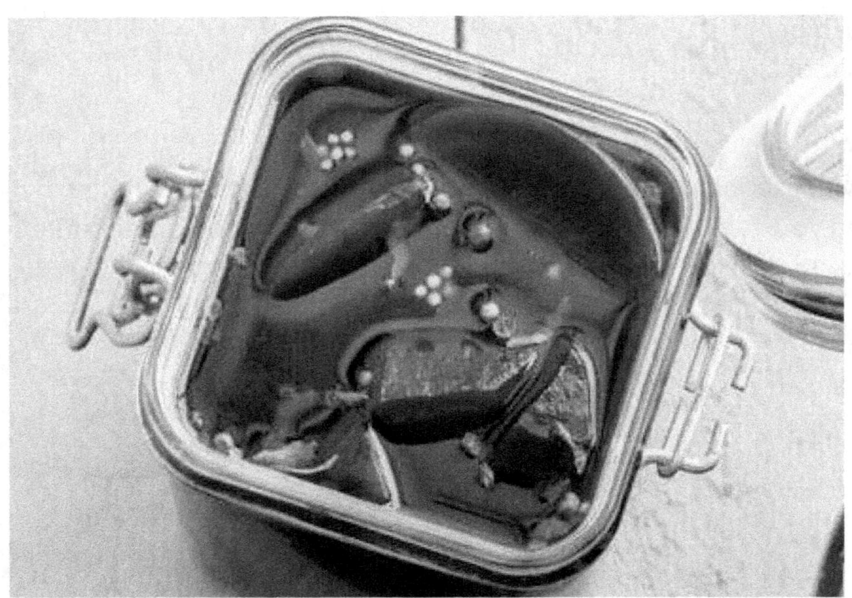

İÇİNDEKİLER:

- 8 küçük pancar
- 1 bardak elma sirkesi
- 1 çay kaşığı tuz
- ¼ bardak şeker
- 5 adet karabiber
- 1 çay kaşığı salamura baharatı
- 1 defne yaprağı, taze matkap

TALİMATLAR:

a) Pancarları biraz sert pişirin.

b) 1 bardak sıvıyı boşaltın.

c) Kavanozu üst kısmından yaklaşık ¼ inç kadar doldurun

d) Pancar sıvısını geri kalan sıvı ve baharatlarla birleştirin ve kaynatın, kavanozu doldurun ve 10 dakika işlemden geçirin.

90. Ravent Konservesi

İÇİNDEKİLER:

- 3½ pound ravent
- 3 kilo şeker
- ½ kuru üzüm
- 1 su bardağı ceviz
- 3 limon (meyve suyu)
- 3 portakalın kabuğu

TALİMATLAR:

a) Portakal kabuğunu, raventi ve şekeri 2 saat pişirin.
b) Geri kalan malzemeleri ekleyip 1 saat kadar pişirin.

91. Ravent Tadı

İÇİNDEKİLER:

- 4 bardak doğranmış ravent
- 2 su bardağı ince doğranmış soğan
- 2 su bardağı hafif sirke
- 3 su bardağı esmer şeker
- 1 çay kaşığı tuz
- 1 çay kaşığı tarçın
- ½ çay kaşığı karanfil (öğütülmüş)
- ½ çay kaşığı öğütülmüş zencefil
- Dash acı biber

TALİMATLAR:

a) Büyük bir tencerede tüm malzemeleri birleştirin. Kaynatın.

b) Isıyı azaltın ve karışım kalınlaşana kadar yaklaşık 2 saat, ara sıra karıştırarak pişirin.

c) Tüm kapları üst kısımların ½ inç yakınına kadar doldurun. Kapların üst kenarlarını silin; onları kapaklarla örtün.

92. Tatlı Turşu

İÇİNDEKİLER:

- 30 salatalık
- 3 bardak sirke
- 1 bardak su
- 2 su bardağı şeker
- 1 çay kaşığı karışık baharat

TALİMATLAR:

a) Salatalıkları gece boyunca tuzlu suda bekletin (her litre suya ⅓ bardak tuz). Boşaltmak.

b) Sirke, su ve şekeri 10 dakika veya berraklaşana kadar kaynatın.

c) Salatalıkları ekleyin ve renkleri kayboluncaya kadar kısık ateşte bekletin.

d) 1 tatlı kaşığı karışık baharatı içine koyun.

93. Bin Ada Turşusu

İÇİNDEKİLER:

- 1 litre dilimlenmiş salatalık turşusu (ince dilimlenmiş)
- 8 küçük soğan
- 6 orta boy biber
- 3 yemek kaşığı tuz
- 4 su bardağı toz şeker
- 1 yemek kaşığı kereviz tohumu
- 1 yemek kaşığı hardal tohumu
- 1 yemek kaşığı zerdeçal tozu
- 6 bütün karanfil

TALİMATLAR:

a) Salatalık turşusu, biber ve tuzu karıştırıp 3 saat bekletin.

b) Süzün ve şeker, kereviz tohumu, hardal tohumu, zerdeçal ve karanfil ekleyin.

c) Hepsini sirkeyle kaplayın ve 5 veya 10 dakika işlemden geçirdikten sonra kavanozlara koyun.

94. Domates püresi

İÇİNDEKİLER:

- 4 litre salamura domates
- 1 çay kaşığı konserve tuzu
- 1 yemek kaşığı şeker

TALİMATLAR:

a) Domatesleri dörde bölüp geniş bir tencereye koyun.

b) Patates ezici veya büyük kaşıkla ezerek domatesleri kaynatın.

c) Domateslerin yanmasını veya tencerenin dibine yapışmasını önlemek için gerektiği kadar karıştırarak domatesleri 1 saat kaynamaya bırakın.

d) Kalınlaştırılmış, ezilmiş domatesleri bir öğütücüye veya eleğe aktarın ve kabuklarını ve çekirdeklerini çıkarın.

e) Domatesleri tencereye geri koyun.

f) Turşu tuzu ve şekeri ekleyin.

g) Domatesleri orta ateşte sık sık karıştırarak 2 ½ saat daha (veya domates karışımı yarı yarıya azalıncaya kadar) pişirmeye devam edin.

h) Sıcak domates salçasını ısıtılmış kavanozların arasında yarım santim boşluk bırakarak dağıtın.

i) Her kavanozu 2 parçalı kapaklarla kapatın ve su banyolu bir kutuda 45 dakika işleyin.

95. Salamura

İÇİNDEKİLER:

- 3 litre sirke
- 3 litre su
- 1 bardak tuz

TALİMATLAR:

a) Tüm malzemeleri orta boy bir tencerede karıştırın.
b) Yüksek ateşte, şeker eriyene kadar karıştırarak kaynatın.
c) Ateşten alın; 10 dakika soğutun.

SOSLAR, DOLGU VE DOLDURMA

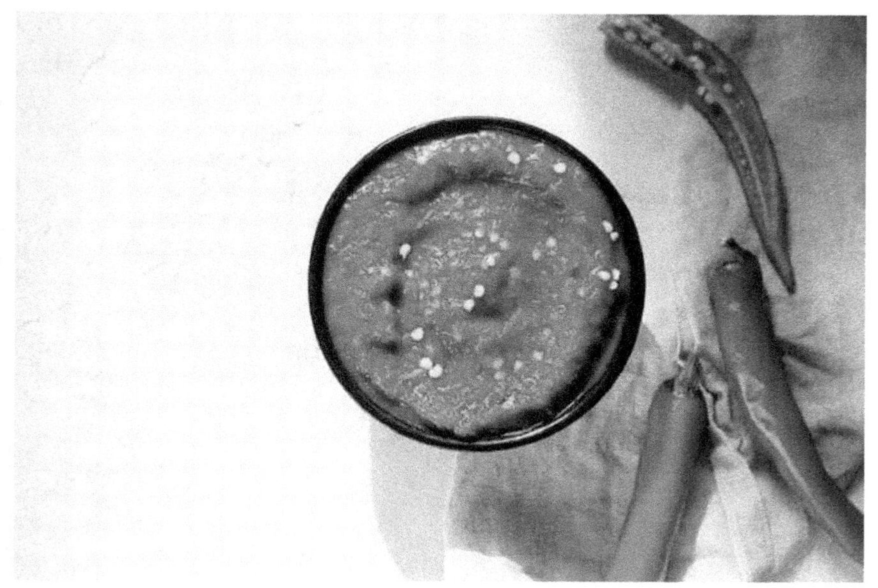

İÇİNDEKİLER:

- 30 büyük domates
- 12 soğan
- 1 demet kereviz
- 8 biber
- 1 litre sirke
- 3 yemek kaşığı tuz
- 4 yemek kaşığı karışık baharat

TALİMATLAR:

a) Tüm sebzeleri ince ince doğrayın ve 1½ saat pişirin.

97. Fransız Krema Dolgusu

İÇİNDEKİLER:

- ¾ bardak ağır krem şanti
- ¼ bardak süt
- ¼ bardak şekerleme şekeri
- 1 yumurta beyazı, iyice çırpılmış
- ½ çay kaşığı vanilya özü

TALİMATLAR:

a) Ağır kremayı sütle karıştırın ve sertleşene kadar çırpın.

b) Şekeri, çırpılmış yumurta beyazını ve vanilyayı ekleyin.

c) Tüm şeker eklenene kadar yavaşça karıştırın.

d) Hamur işlerine sıkın.

98. Sırlı Krem Şanti

İÇİNDEKİLER:

- 3 yemek kaşığı un
- ¾ bardak süt
- Geniş bir kapta iyice kremalayın:
- 6 yemek kaşığı Crisco
- ¾ su bardağı şeker

TALİMATLAR:

a) Un ve sütü pişirip soğutun.
b) Büyük bir kapta 6 yemek kaşığı Crisco ve ¾ bardak şekeri iyice kremalayın.
c) Soğuyan un ve süt karışımını ekleyin.
d) Kabarıncaya kadar çırpın.

99. Kabarık Tereyağı Krema

İÇİNDEKİLER:

- 5 yemek kaşığı un
- 1 bardak süt
- ¼ pound Tereyağı
- ½ bardak Crisco
- 1 çay kaşığı vanilya

TALİMATLAR:

a) Unu ve 1 su bardağı sütü koyulaşana kadar karıştırıp pişirin.

b) Büyük bir kapta krema, yarım kilo Tereyağı ve yarım bardak Crisco.

c) Tereyağlı karışıma unlu karışımı ekleyip iyice çırpın.

d) 1 çay kaşığı vanilya ekleyin.

100. İstifleme

İÇİNDEKİLER:

- 1 küçük soğan
- 1 çubuk kereviz
- zeytin yağı
- ½ pound sosis eti
- ½ su bardağı doğranmış elma
- 2 su bardağı ekmek kırıntısı
- ½ su bardağı sıcak su veya bulyon
- Tuz ve biber

TALİMATLAR:

a) Fırını 350°'ye önceden ısıtın.
b) Soğanı, kerevizi ve sosis etini zeytinyağında soteleyin.
c) Yaklaşık 10 dakika, kahverengileşmeye başlayana kadar sık sık karıştırın.
d) Ekmek kırıntılarıyla birlikte kaseye ekleyin; tuz ve karabiberi karıştırın.
e) Sıcak suya veya bulyona dökün ve yavaşça atın. Soğumaya bırakın.
f) Ekmek karışımına elma ekleyin; iyice birleşene kadar yavaşça katlayın.
g) Hazırlanan tabağa aktarın, folyoyla örtün ve yaklaşık 40 dakika pişirin.
h) 40-45 dakika daha uzun süre, set ve üst kısmı kızarıp gevrekleşene kadar pansumanı üstü açık pişirmeye devam edin.

ÇÖZÜM

Sonuç olarak Güney mutfağı, çeşitli kültürel ve tarihi faktörlerden etkilenerek yüzyıllar boyunca gelişen zengin ve çeşitli bir mutfaktır. Taze, yerel malzemelerin kullanımını öven ve ailenin, topluluğun ve misafirperverliğin önemini vurgulayan bir mutfaktır.

Güney mutfağı, mutfak geleneklerini şekillendiren insanların ve yerlerin hikayelerini anlatan yemekleriyle bölgenin tarihinin bir yansımasıdır. Kızarmış tavuktan barbeküye, bisküvilerden tatlı patatesli turtaya kadar Güney mutfağı, rahatlatıcı, duygusal lezzetleri ve insanları masa etrafında bir araya getirme yeteneği nedeniyle seviliyor.

Güney mutfağı gelişmeye ve değişen tatlara ve trendlere uyum sağlamaya devam ettikçe, ülkenin ve dünyanın her yerindeki insanlar tarafından değer verilen Amerikan mutfak kültürünün hayati bir parçası olmaya devam ediyor.